# Ventanas tres

## Lecturas literarias

Teresa Carrera-Hanley

Evanston, Illinois • Boston • Dallas

## Credits

*Front Cover: (window)* Kaz Chiba/Photonica;
*(inset)* Cantabrian Mountains, Spain; Robert Frerck/The Stock Market

*Back Cover:* Kaz Chiba/Photonica

*Additional credits are found on page 129.*



Printed in the United States of America.

International Standard Book Number: 0-395-87351-7

5 6 7 8 9 0–MAM–02

# Contenido

# Introduction

TO THE TEACHER

***Ventanas tres*** is the third volume in an exciting series of Spanish readers that develop sound reading skills and expand students' Spanish vocabulary. This level is unique in its focus on important writers and the study of literary devices within the communicative and proficiency-oriented curriculum of today's classroom.

***Ventanas tres*** will help intermediate and advanced level Spanish students:

1. To prepare for Advanced Placement tests in Spanish language or literature by providing appropriate and extensive vocabulary in context, sentence structures, and ways to discuss the literary works of well-known Spanish writers.
2. To enjoy a unique literary experience as a foundation for continuing their studies at the college level or for lifelong learning and appreciation of Spanish language and literature.
3. To encounter a variety of genres of Spanish literature by offering only authentic works, which showcase a variety of characterizations, time periods and writing styles.

**The organization of *Ventanas tres*** consists of 10 chapters, each focusing on an important author. The variety of literary genres gives teachers and students the opportunity to explore the written word in more than one form. Because Spanish literature is a mosaic of novels, short stories and poetry, ***Ventanas tres*** presents a balanced approach of essay, dramatic and verse forms

Intermediate and Advanced Level teachers will be pleased to have beautiful poetry by José Martí, Miguel de Unamuno, Federico García Lorca and Gabriela Mistral; their favorite short stories by Gabriel García Márquez, a selection from Federico García Lorca's powerful drama *La casa de Bernarda Alba,* as well as a *Como agua para chocolate* by Laura Esquivel all in one volume. Because a chapter is dedicated to each author, teachers will have ample support to teach literature at its best.

Each chapter includes a short biography of the featured writer. Additionally, all reading selections are accompanied by pre- and post-reading activities, as follows:

- **¿Qué sabes tú?** activates students' prior knowledge
- **¡A vista de pájaro!** features a skimming or scanning activity

- **¿Comprendiste tú?** checks comprehension
- **¡A ver!** elicits reader response
- **¿Qué piensas?** encourages literary analysis

Appropriate activities reinforce and practice reading skills and strategies, making literature enjoyable and interesting to students. The activities included (for example: pair activities, group activities, literary focus, literary analysis, and points of view) offer guidance and opportunities for self-expression.

**Special note:** Some of the selections in this volume have been rendered in cinematic form. Carefully used, these films can offer valuable instructional support. Nevertheless, they may not always be appropriate for every audience. All films should be thoroughly previewed before they are offered for students' viewing.

***Ventanas tres*** is a user-friendly reader, offering classic literature in Spanish that is within the grasp of intermediate and advanced students. It offers true jewels of contemporary and classic literature evoking rich cultural settings, themes, and characters. Students are supported throughout the reading process, enabling them to understand, respond to and analyze great works of literature in Spanish.

## TO THE STUDENT

The readings in ***Ventanas tres*** progress chronologically, from old to new. Key words are glossed, so you can read with fewer interruptions. The lines of text are numbered, so you can easily pick up where you left off. Some of the readings are selections from larger works. When you see an ellipses (...) it means that you are skipping a section of the original piece. Each selection is followed by comprehension checks and activities which make reading this outstanding literature interesting and fun.

***Ventanas tres*** teaches you the following reading skills:

**Evaluating.** Learning to evaluate the story, form opinions of characters and discuss the characters' opinions is made easy for you by offering pair and small group activities. You can share your opinions with classmates and increase your understanding of the setting, plot, and characters.

**Connecting.** You can enjoy the literary selection more by connecting what the author describes with your own experience.

**Comparing and Contrasting** You can compare and contrast by using a variety of graphic organizers, open-ended analysis and by making inferences.

***Ventanas tres*** allows you to participate, both orally and in writing, by offering various levels of responses:

- **¿Comprendiste tú?** Every reading immediately offers you a comprehension activity, so you can be sure you understood.
- **¡A ver!** These activities help you to relate your own experiences and ideas to the reading.
- **¿Qué piensas?** These activities contain questions which elicit your opinion and call for discussion and sharing of results in pair and small groups.

You will enjoy reading the selections from these Spanish writers of the past and the present. Enjoy the selections and have fun learning Spanish!

### Apéndice literario

These terms can be helpful when approaching literature in Spanish:

| | |
|---|---|
| 1. Theme and sub-themes | el tema principal y los subtemas |
| 2. Setting of the story | el ambiente: lugar geográfico, nivel social, época. |
| 3. Plot | la trama |
| 4. Characters | los personajes |
| 5. Development | el desarrollo de los personajes y de la trama |
| 6. Language | el lenguaje usado: urbano, rural, etc. |
| 7. Climax | la culminación |
| 8. Ending | el desenlace: feliz, trágico, dramático |
| 9. Points of views | los puntos de vista |
| 10. Literary techniques | la técnica literaria usada |

These terms can be helpful when approaching poetry in Spanish:

| | |
|---|---|
| 1. Versification | La métrica: versos métricos y asímetricos |
| 2. Rime | Rima: consonante y asonante |
| 3. Rythm | Ritmo: música producida por acentos, pausas, repeticiones |
| 4. Literary figures | Figuras literarias: metáforas, símiles, símbolos, imágenes, etc. |
| 5. Theme | Tema central del poema |

# Acknowledgements

I would like to thank Melissa Rose Zavala, Senior Editor; Carlos Calvo, Editor; Regina McCarthy, Supervising Editor; and the McDougal Littell staff for all their work on the manuscripts and production of ***Ventanas uno, dos,*** and ***tres*** readers. Special thanks to Roger Coulombe, World Languages Editorial Director, and to Lori D. Díaz, World Languages Product Manager, for their invaluable support of this project.

SELECCIÓN 1

## El libro talonario

### ¿QUÉ SABES TÚ?

**Contesta las siguientes preguntas.**

1. ¿Alguna vez trabajaste en una granja *(farm)?*
2. Si eres granjero *(farmer)* y te roban lo que cultivaste, ¿qué haces?
3. Tienes que preparar una calabaza para *Halloween.* ¿Qué características debe tener esa calabaza?

### ¡A VISTA DE PÁJARO!

**Mira rápidamente la lectura y contesta las siguientes preguntas.**

1. ¿En qué país ocurre la historia?
2. ¿Cómo se llama el personaje principal?
3. Duplica el siguiente cuadro en una hoja de papel y complétalo con los personajes del cuento. En la segunda columna escribe un adjetivo para calificar, a primera vista y según tú, a cada uno de esos personajes.

| Personaje | ¿Cómo te lo imaginas? |
|---|---|
| 1. | |
| 2. | |
| 3. | |
| 4. | |



CAPÍTULO 1

# Pedro Antonio de Alarcón

(1833-1891)

## SOBRE EL AUTOR

Nació en Guadix, España. Fue novelista, periodista y poeta.

Participó en la campaña de Marruecos y escribió *Diario de un testigo de la guerra del África.*

La novela que lo estableció como escritor fue *El sombrero de tres picos,* que se representó en el teatro muchas veces.

# El libro talonario

*Es una historieta rural que trata sobre el robo de unas calabazas° en una granja° de Rota, España.*

*Cuando el granjero° descubre el robo, decide ir a buscar sus calabazas hasta encontrar al ladrón.*

*Al llegar al mercado encuentra sus calabazas, pero tiene que probar que son suyas. Y utiliza un método muy particular para hacerlo.*

pumpkins
farm
farmer

## EL ROBO

Rota es un pequeño pueblo de Andalucía lleno de granjas, cuyos dueños son labradores° que se dedican a cultivar sus vegetales para después venderlos. El tío Buscabeatas° era uno de esos labradores que cultivaba estupendas calabazas. Para él no había secretos, las conocía perfectamente por su forma y les daba un nombre a cada una. Todos los días las miraba para ver cómo crecían y les brindaba muchísimo cuidado.

Una tarde, mientras las observaba, se acercó a ellas y les dijo melancólicamente: —Pronto tendremos que separarnos. Mañana voy a recoger estas cuarenta calabazas para llevarlas al mercado de Cádiz.

farmers
penny pincher

Pero a la mañana siguiente, al ir a la huerta°, cuánto fue su asombro y cuánta fue su furia, cuando descubrió que alguien le había robado sus calabazas durante la noche. ¿Quién se había atrevido° a hacer semejante barbaridad después de todo el tiempo que él les había dedicado?

vegetable garden
had dared

El tío Buscabeatas pensó profundamente durante unos momentos; las calabazas eran parte de su vida y podría reconocerlas en cualquier lugar. Entonces decidió ir a buscarlas.

## LA BÚSQUEDA

—El lugar indicado era Cádiz, donde había un mercado en el que los vendedores les compraban los vegetales a los granjeros para luego venderlos al público. Cuando llegó comenzó su búsqueda por todos los rincones, sabía que no estaban lejos.

Recorría todos los puestos de verduras de un lado a otro. De repente° se detuvo y gritó:

Suddenly

—¡Éstas son mis calabazas! —el hombre del puesto lo miró con asombro porque no entendía qué pasaba. Entonces, el tío Buscabeatas se dirigió a un policía que estaba allí cerca, y también gritando, le dijo: —¡Arreste usted a ese hombre! Me ha robado esas calabazas.

—¡Mentira!° —gritó el hombre del puesto. —¡Estas calabazas son mías! El tío Fulano° me las vendió anoche y le pagué quince duros° por ellas. ¿Cómo está tan seguro de que éstas, y no otras, son las que usted cultivó ?

That is a lie!
Mr. So-and so
Spanish coin equivalent to 5 pesetas

—Porque las conozco como un padre conoce a sus hijas. Mire usted, ésta se llama "redonda°"; ésa se llama "gorda"; aquélla, "colorada°".

round
red

—Está muy bien —dijo el policía—, pero eso no es suficiente. Usted necesita pruebas° para demostrar que estas calabazas son suyas.

proofs

## LA DISCUSIÓN

—Pues yo puedo probar a todo el mundo que sí son de mi huerta —le respondió el tío Buscabeatas con total seguridad. Y se puso a desatar° un gran pañuelo° que llevaba consigo° entre toda la gente que se reunía para ver qué pasaba.

to untie / handkerchief / with him

Mientras el tío Buscabeatas desataba su pañuelo, un hombre se mezcló entre la multitud para observar qué ocurría. El vendedor del puesto de verduras, al verlo, exclamó:

—Venga usted acá, tío Fulano. Este hombre dice que las calabazas que me vendió anoche son robadas.

El hombre, sorprendido, contestó rápidamente: —¡Eso es imposible! ¡Estas calabazas eran mías! Las traje ayer de mi huerta y usted no puede probar lo contrario.

## LA PRUEBA

—¡Ahora verá usted! —dijo el tío Buscabeatas. A medida que desataba su pañuelo iban cayendo muchos pedazos° de tallos° de calabaza. Cuando terminó dijo:

pieces / stems

—Caballeros, ¿alguna vez han pagado ustedes contribución? ¿Recuerdan aquel libraco° verde que tiene el recaudador°, de donde va cortando recibos, dejando allí pegado un tocón° o pezuelo, para que luego pueda comprobarse si tal o cual recibo es falso o no lo es?

large book / collector
stub

—Lo que usted dice se llama "libro talonario"°—dijo el policía.

receipt book

—Pues eso es lo que yo traigo aquí: el libro talonario de mi huerta. En otras palabras, son los pedazos de tallo que estaban unidos a estas calabazas que alguien me robó. Y si no creen, observen. Este pedazo era de esta calabaza… Este otro era de esta otra… Éste más grande es de aquélla… —explicaba el tío Buscabeatas mientras se acercaba a cada calabaza con un pedazo de tallo en la mano.

Los espectadores vieron, con total asombro°, cómo cada pedazo iba° exactamente con cada una de las calabazas y que no quedaban dudas de que el tío Fulano era el ladrón°.

surprise
fitted
thief

Luego de la demostración y sin decir nada, el tío Fulano tuvo que darle al tío Buscabeatas los quince duros que había conseguido por las calabazas. El tío Buscabeatas regresaba a Rota con su dinero mientras el policía se llevaba° al ladrón a la cárcel°.

took away / jail

# El libro talonario

## ¿Comprendiste tú?

**La opción correcta. De acuerdo con la lectura, escoge la opción correcta para completar cada oración.**

1. El tío Buscabeatas tenía fama de ser un buen granjero porque...
   a. sus vegetales eran magníficos
   b. su huerta era la más grande de Andalucía
   c. usaba mucho fertilizante
   d. hablaba con todos sus vecinos
2. Uno de sus trabajos como granjero era...
   a. conocer a la gente de Cádiz
   b. dar forma a sus vegetales
   c. visitar sus calabazas diariamente
   d. ir al mercado todos los días
3. El tío Buscabeatas cultivaba calabazas...
   a. simplemente como entretenimiento
   b. para venderlas
   c. para repartirlas entre su familia
   d. para comérselas en su casa
4. Cuando el tío Buscabeatas dice "Pronto tendremos que separarnos" significa que...
   a. una tormenta va a arruinar las calabazas
   b. alguien va a venir a buscar las calabazas
   c. va a dejar de cultivar calabazas
   d. piensa vender las calabazas
5. A la mañana siguiente el tío Buscabeatas se dio cuenta de que...
   a. las calabazas estaban en la huerta
   b. había más calabazas que antes
   c. no había calabazas
   d. había mucha gente en la huerta
6. El tío Buscabeatas decidió ir a Cádiz porque...
   a. había un mercado muy importante
   b. en esa ciudad hay muchos ladrones
   c. necesitaba comprar más calabazas
   d. trabajaba en el mercado
7. El tío Buscabeatas dio un grito cuando...
   a. llegó al mercado muy temprano
   b. se acordó del robo
   c. vio al hombre del puesto
   d. vio sus calabazas

8. El vendedor de vegetales...
   a. sabía que las calabazas eran robadas
   b. sabía que el tío Fulano era el ladrón
   c. no sabía que las calabazas eran robadas
   d. llamó al policía para aclarar la situación
9. El tío Buscabeatas dice que él conoce a sus calabazas...
   a. porque son magníficas
   b. porque son andaluzas
   c. porque tienen nombres
   d. porque son como sus hijas
10. La prueba consistía en...
    a. atar el pañuelo a una calabaza
    b. poner el pañuelo en la cabeza del vendedor
    c. emparejar los tallos con las calabazas
    d. colocar las calabazas en el suelo

**¡En español! Lee nuevamente el cuento y en una hoja de papel escribe el equivalente en español de las siguientes frases.**

1. lugar donde se cultivan solamente vegetales
2. personas que trabajan en las granjas
3. con tristeza
4. lo que une un vegetal a la planta
5. personas que observan algo
6. persona que roba
7. hombre que trabaja con la justicia
8. grupo numeroso de personas
9. lugar de un mercado donde cada persona vende sus productos
10. libro grande

## ¡A ver!

**Tu decisión. En una hoja de papel describe la personalidad del tío Buscabeatas y del tío Fulano con dos adjetivos. Luego imagina que tú tienes que acusar al vendedor de verduras. ¿Lo haces de la misma manera que el tío Buscabeatas o eliges otra alternativa? Explica.**

**Reconociendo objetos. Con un(a) compañero(a) lean nuevamente las líneas 31 a 37 de la lectura. Luego contesten las siguientes preguntas.**

- ¿Creen que alguien puede ser capaz de reconocer sus calabazas exactamente?
- Nombren algún objeto personal que ustedes podrían reconocer en cualquier sitio y expliquen la importancia de ese objeto para ustedes.
- Comparen sus comentarios con el resto de la clase.

## ¿Qué piensas?

**Análisis. En una hoja de papel contesta las siguientes preguntas y escribe el número de la línea del cuento donde mejor se representa tu respuesta.**

1. ¿El tío Buscabeatas siente demasiado orgullo *(pride)* por su trabajo? ¿Por qué?
2. ¿Cuál fue su reacción al notar el robo? ¿Tenía motivos verdaderos?
3. ¿Cuáles fueron los medios del autor para crear la tensión en el mercado?
4. ¿Cómo describe el narrador la llegada del tío Buscabeatas al mercado?
5. ¿Qué imágenes de las costumbres de esta región aprendes con este cuento?

**Personajes en conflicto. Crea un diagrama de Venn para clasificar a los personajes de la historia. Según tú, ¿quiénes creen que las calabazas son robadas? ¿Quiénes no? ¿Quiénes dudan?**

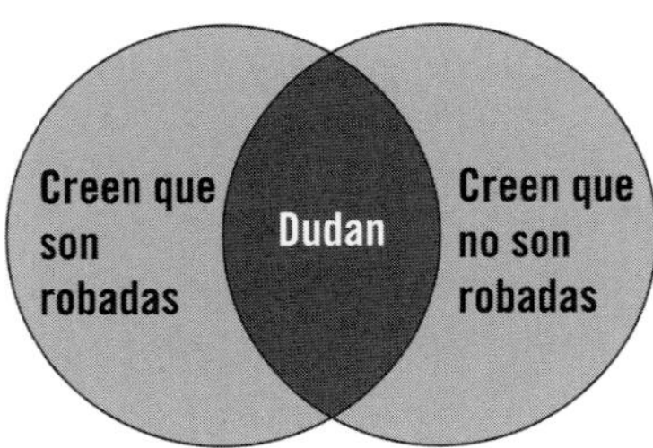

**Resolución del cuento. Escribe un ensayo explicando tu punto de vista sobre el final de la historia. ¿Crees que es justo que le den los quince duros al tío Buscabeatas? ¿Qué puedes escribir como moraleja del cuento?**

## Conjugación del verbo "Amar"

### ¿QUÉ SABES TÚ?

**Contesta las siguientes preguntas.**

1. ¿Piensas que existe el amor a primera vista? Da tus razones.
2. ¿Crees que todos los poemas hablan del amor? ¿Qué otros temas se pueden tratar en un poema?
3. ¿Tienes algún poema preferido? ¿Cuál es y quién lo escribió?

### ¡A VISTA DE PÁJARO!

**En el poema de esta selección el autor ha incluido el verbo "amar" en distintas conjugaciones. Mira rápidamente el poema y contesta las siguientes preguntas.**

1. ¿Cuántos personajes hay en total?
2. En una hoja de papel copia la siguiente tabla e indica quiénes hablan del amor en las siguientes conjugaciones.

| Conjugación | ¿Quiénes? |
|---|---|
| el imperfecto | |
| el condicional | |
| el imperativo | |
| el pretérito | |
| el presente | |
| el futuro | |

# Conjugación del verbo "Amar"

PEDRO ANTONIO DE ALARCÓN

*En este poema, Pedro Antonio de Alarcón conjuga el verbo "amar" desde el punto de vista de varias personas. Cada persona utiliza expresiones que están relacionadas con su edad, con su personalidad o con sus propias experiencias.*

# Conjugación del verbo "Amar"

CORO DE ADOLESCENTES: Yo amo, tú amas, aquél ama, nosotros amamos, vosotros amáis, ¡todos aman!

CORO DE NIÑAS (a media voz): Yo amaré, tú amarás, aquélla amará, nosotras amaremos, vosotros amaréis, ¡todas amarán!

UNA COQUETA°: ¡Ama tú! ¡Ame usted! ¡Amen ustedes! — flirtatious

UN ROMÁNTICO (desaliñándose° el cabello): ¡Yo amaba! — tossing

UN ANCIANO (indiferentemente): ¡Yo amé!

UNA BAILARINA (trenzando° delante de un banquero°): Yo amara, amaría... y amase. — dancing / banker

UNA MUJER HERMOSÍSIMA (al tiempo de morir): ¿Habré yo amado?

UN NECIO°: ¡Yo soy amado! — fool

UN RICO: ¡Yo seré amado!

UN POBRE: ¡Yo sería amado!

UN SOLTERÓN° (al hacer el testamento): ¿Habré yo sido amado? — old bachelor

UNA LECTORA DE NOVELAS: ¡Si yo fuese amada de este modo!

EL AUTOR (pensativo): ¡Amar! ¡Ser amado!

# Conjugación del verbo "Amar"

## ¿Comprendiste tú?

**LA OPCIÓN CORRECTA. Elige la opción que mejor completa cada frase.**

1. El coro de las niñas empieza diciendo "yo amaré" porque...
   a. no se interesan en el amor por ahora | b. son tímidas
2. La coqueta conjuga el verbo en el imperativo porque...
   a. cree que todos deben amarla | b. disfruta del amor
3. La bailarina usa distintas conjugaciones del verbo amar porque...
   a. está bailando y se equivoca | b. no conoce el amor
4. El rico dice "Yo seré amado" porque...
   a. su familia es muy buena | b. tiene mucho dinero
5. El necio habla enfáticamente porque...
   a. se engaña a sí mismo | b. todos aman a los necios

## ¡A ver!

**CONJUGA. ¿Estás de acuerdo con la conjugación que utiliza cada personaje? ¿Cuáles cambiarías y por qué? En una hoja de papel escribe tus explicaciones y vuelve a escribir el poema con los cambios que crees necesarios.**

## ¿Qué piensas?

**SENTIMIENTOS. En este poema, la conjugación del verbo "amar" varía de acuerdo con los sentimientos de cada personaje. Entre ellos hay dos personas que piensan en la muerte. En grupos de tres identifíquenlos y expliquen qué es lo que siente cada uno de ellos en ese momento. Luego decidan qué tendrían que hacer en sus vidas para cambiar la conjugación. Después compartan sus comentarios con la clase.**

SELECCIÓN 1

## Versos sencillos

### ¿QUÉ SABES TÚ?

**Contesta estas preguntas relacionadas con la amistad.**

1. ¿Cuáles son las cualidades que debe tener un(a) amigo(a)?
2. Compara tus cualidades personales con las de un(a) buen(a) amigo(a) tuyo(a). Escríbelas en un diagrama de Venn: en el centro escribe las cualidades que tienen en común y a los lados escribe las diferencias.

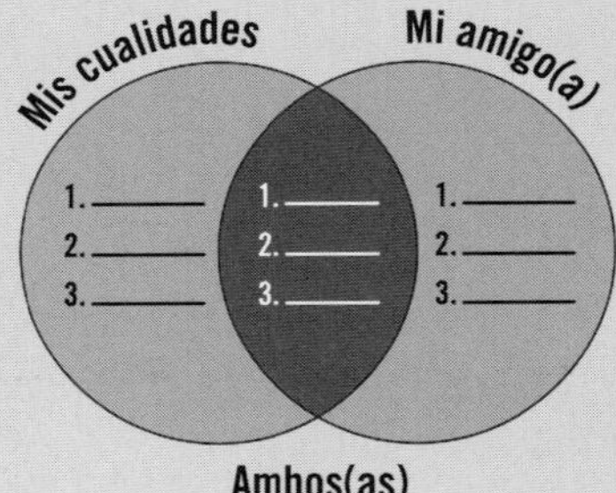


3. ¿Qué papel juegan la honestidad y la sinceridad en una amistad?

### ¡A VISTA DE PÁJARO!

**Lee rápidamente el poema y contesta lo siguiente:**

1. ¿Qué te sugiere el título?
2. ¿Con qué cualidad se identifica el poeta?
3. ¿Crees que es un poema optimista?



CAPÍTULO 2

# José Martí

(1853 -1895)

## SOBRE EL AUTOR

Orador y poeta ilustre, nació en La Habana de padres españoles. Luchó por la independencia de Cuba y se distinguió por ser fundador de periódicos políticos como *Patria.* Su prosa y su poesía lo convirtieron en uno de los escritores más importantes de la lengua castellana.

# Versos sencillos

*En este poema, José Martí evoca los sentimientos de un hombre con respecto a su manera de ser y a su relación con la naturaleza y con las personas. Estos "Versos sencillos" que el protagonista ofrece fueron popularizados en la famosa canción "Guantanamera".*

Yo soy un hombre sincero
de donde crece la palma;
y antes de morirme quiero
echar mis versos del alma.

Yo vengo de todas partes,
y hacia todas partes voy;
arte soy entre las artes;
en los montes, monte soy.

Si dicen que del joyero
tomé la joya mejor,
tomo a un amigo sincero
y pongo a un lado el amor.

Todo es hermoso y constante,
todo es música y razón,
y todo, como el diamante,
antes que luz es carbón.

# Versos sencillos

## ¿Comprendiste tú?

**LA OPCIÓN CORRECTA. Completa las oraciones con la opción correcta.**

1. Al nombrar la palma, el poeta indica que nació en...
   a. un clima tropical
   b. una región montañosa
   c. un valle andino
2. ¿Qué quiere decir "yo vengo de todas partes y hacia todas partes voy"?
   a. que ha sido artista
   b. que no le gusta el Caribe
   c. que es una persona libre
3. En la tercera estrofa, el poeta dice que...
   a. los mejores artesanos son los joyeros
   b. la amistad es lo más importante
   c. la mejor joya es el amor
4. El poema concluye que...
   a. la belleza está escondida en cada cosa
   b. al poeta le gustan los diamantes
   c. la música es buena para el alma

## ¡A ver!

**CUALIDADES DE LA AMISTAD. Con un(a) compañero(a) decidan qué defectos son posibles de tolerar en una amistad y cuáles son intolerables. Hagan una lista en una hoja de papel y compartan su opinión con el resto de la clase.**

## ¿Qué piensas?

**METÁFORA Y SÍMIL. Una metáfora es una frase con figuras para enfatizar lo que se quiere decir, por ejemplo "La primavera de la vida". Un símil es una comparación, por ejemplo "El árbol, como el amor, crece infinitamente". Lee el poema una vez más y reconoce la metáfora y el símil que presenta. Luego crea tu propia metáfora o símil para definirte como amigo(a).**

SELECCIÓN 2

La perla de la mora

### ¿QUÉ SABES TÚ?

**Contesta estas preguntas antes de leer el poema.**

1. ¿Te aburres con facilidad de ciertas cosas o de ciertas personas? Explica.
2. ¿Te has arrepentido de dar o regalar algo que era tuyo? ¿En qué caso?
3. ¿Crees que una persona puede volverse loca al perder algo que quiere mucho? Da ejemplos.

### ¡A VISTA DE PÁJARO!

**Lee rápidamente el poema y contesta lo siguiente.**

1. ¿De dónde era la mora? ¿Qué tenía?
2. ¿Qué hizo con la perla?
3. ¿A quién le habla?
4. Hay dos frases que la mora dice. Léelas y piensa qué relación hay entre ellas.

# La perla de la mora

JOSÉ MARTÍ

*Éste es un poema en el que José Martí representa el arrepentimiento del ser humano. La situación ocurre en Trípoli, una ciudad africana a orillas del mar Mediterráneo.*

# La perla de la mora

Una mora° de Trípoli tenía  
una perla rosada, una gran perla,  
y la echó con desdén° al mar un día:  
—¡Siempre la misma! ¡ya me cansé de verla!  
Pocos años después, junto a la roca  
de Trípoli… ¡la gente llora al verla!  
Así le dice al mar la mora loca:  
—¡Oh, mar! ¡Oh, mar! ¡Devuélveme mi perla!

° Moor *(fem.)*

° disdain

# La perla de la mora

## ¿Comprendiste tú?

**VERIFICACIÓN RÁPIDA. Para ver si comprendiste, contesta las siguientes preguntas con frases cortas.**

1. ¿Cómo era la perla de la mora?
2. ¿Por qué la echó al mar?
3. ¿Por qué llora la gente?
4. ¿A quién le habla la mora?
5. ¿Por qué llora la mora?

## ¡A ver!

**EL AMBIENTE. Explica en dos o tres párrafos cómo es el ambiente en el que se desarrolla el poema. ¿Qué sentimientos te provoca ese ambiente? ¿Tristeza?, ¿alegría?, ¿compasión? Si alguna vez te pasó una situación similar, escribe sobre ello haciendo una comparación con el poema.**

## ¿Qué piensas?

**LOS SONIDOS. Con un(a) compañero(a) lean el poema en voz alta. Pongan énfasis en las palabras que ustedes creen que tienen un sonido que ayuda a representar la situación que ocurre en el poema. Luego hagan una lista con esas palabras y decidan entre toda la clase cuáles son las que tienen sonido más fuerte.**

## SELECCIÓN 1

### Niebla

**¿QUÉ SABES TÚ?**

**Contesta las siguientes preguntas de acuerdo con tus experiencias personales.**

1. ¿Alguna vez escribiste un poema para expresar tus sentimientos?
2. ¿Qué planes debe hacer una pareja que piensa casarse?
3. ¿Crees que deben comunicarse mucho entre sí?
4. ¿En qué deben ponerse de acuerdo?
5. ¿Crees que una mascota puede ser motivo de discusión en una pareja? ¿Por qué?

**¡A VISTA DE PÁJARO!**

**Mira rápidamente la lectura y contesta estas preguntas.**

1. ¿En dónde pasaba todo el día Augusto?
2. ¿Qué instrumento toca Eugenia?
3. ¿Quién persigue a Eugenia?
4. Según Eugenia, ¿qué quiere Mauricio?



## CAPÍTULO 3

# Miguel de Unamuno

(1864 -1936)

## SOBRE EL AUTOR

Nació en Bilbao, España. Fue profesor de griego y rector de la Universidad de Salamanca. Se destacó como filósofo y pensador español del siglo XX. Participó del movimiento literario español conocido como la Generación del 98 y cultivó todos los géneros literarios: cuentos, novelas, dramas, poesías y ensayos. Unamuno fue un escritor único en el uso del suspenso.

# Niebla

*En esta novela, Augusto Pérez se enamora de una joven humilde que se dedica a planchar ropa, pero luego planea casarse con una pianista. Este capítulo muestra la falta de amor que hay entre ellos.*

## EL NOVIAZGO

Empezó entonces para Augusto una nueva vida. Casi todo el día se lo pasaba en casa de su novia y estudiando no psicología, sino estética.

¿Y Rosario? Rosario no volvió por su casa. La siguiente vez que le llevaron la ropa planchada fue otra la que se la llevó, una mujer cualquiera. Y apenas se atrevió° a preguntar por qué no venía ya Rosario. ¿Para qué, si lo adivinaba? Y este desprecio, porque no era sino desprecio, bien lo conocía y, lejos de dolerle, casi le hizo gracia. Bien, bien se desquitaría él en Eugenia.

dared

(...)

Una vez le dijo él:

—¡Me entran unas ganas de hacer unos versos a tus ojos!

Y ella le contestó:

—¡Hazlos!

—Mas para ello —agregó él— sería conveniente que tocases un poco el piano. Oyéndote en él, en tu instrumento profesional, me inspiraría.

—Pero ya sabes, Augusto, que desde que, gracias a tu generosidad he podido ir dejando mis lecciones, no he vuelto a tocar el piano y lo aborrezco°. ¡Me ha costado tantas molestias! I hate it

—No importa, tócalo, Eugenia, tócalo para que yo escriba mis versos.

—¡Sea, pero por única vez!

## EL POEMA

Sentóse Eugenia a tocar el piano y mientras lo tocaba escribió Augusto esto:

*Mi alma vagaba lejos de mi cuerpo*
*en las brumas perdidas de la idea,*
*perdida allá en las notas de la música*
*que según dicen cantan las esferas;*
*y yacía mi cuerpo solitario*
*sin alma y triste errando por la tierra.*
*Nacidos para arar° juntos la vida* to plow
*no vivían; porque él era materia*
*tan sólo y ella nada más que espíritu*
*buscando completarse, ¡dulce Eugenia!*
*Mas brotaron tus ojos como fuentes*
*de viva luz encima de mi senda*
*y prendieron a mi alma y la trajeron*
*del vago cielo a la dudosa tierra,*
*metiéronla en mi cuerpo, y desde entonces*
*¡y sólo desde entonces vivo, Eugenia!*
*Son tus ojos cual clavos encendidos*
*que mi cuerpo a mi espíritu sujetan,*
*que hacen que sueñe en mí febril la sangre*
*y que en carne convierten mis ideas.*
*¡Si esa luz de mi vida se apagara,*
*desuncidos° espíritu y materia,* unyoked
*perderíame en brumas celestiales*
*y del profundo en la voraz° tiniebla!* voracious

—¿Qué te parecen? —le preguntó Augusto luego que se los hubo leído.

—Como mi piano, poco o nada musicales. Y eso de "según dicen..."

—Sí, es para darle familiaridad...

—Y lo de "dulce Eugenia" me parece un ripio°. rubble

—¿Qué?, ¿qué eres un ripio, tú?

—¡Ahí, en esos versos, sí! Y luego todo eso me parece muy... muy...

—Vamos, sí, muy *nivolesco.*

—¿Qué es eso?

—Nada, un timo° que nos traemos entre Víctor y yo. joke

## PLANES PARA EL FUTURO

—Pues mira, Augusto. Yo no quiero timos en mi casa luego que nos casemos, ¿sabes? Ni timos ni perros. Conque ya puedes ir pensando lo que has de hacer de Orfeo...

—Pero ¡Eugenia, por Dios!, ¡si ya sabes cómo le encontré, pobrecillo!, ¡si es además mi confidente...!, ¡si es a quien dirijo mis monólogos todos...!

—Es que cuando nos casemos no ha de haber monólogos en mi casa. ¡Está de más el perro!

—Por Dios, Eugenia, siquiera hasta que tengamos un hijo.

—Si lo tenemos...

—Claro, si lo tenemos. Y si no, ¿por qué no el perro? ¿Por qué no el perro, del que se ha dicho con tanta justicia que sería el mejor amigo del hombre si tuviese dinero...?

—No, si tuviese dinero el perro no sería amigo del hombre, estoy segura de ello. Porque no lo tiene es su amigo.

## EL PEDIDO DE EUGENIA

Otro día le dijo Eugenia a Augusto:

—Mira, Augusto, tengo que hablarte de una cosa grave, muy grave, y te ruego que me perdones de antemano si lo que voy a decirte...

—¡Por Dios, Eugenia, habla!

—Tú sabes aquel novio que tuve...

—Sí: Mauricio.

—Pero no sabes por qué le tuve que despachar al muy sinvergüenza...

—No quiero saberlo.

—Eso te honra. Pues bien; le tuve que despachar al haragán y sinvergüenza aquél, pero…

—¿Qué, te persigue todavía?

—¡Todavía!

—¡Ah, como le coja!

—No, no es eso. Me persigue, pero no con las intenciones que tú crees, sino con otras.

—¡A ver!, ¡a ver!

—No te alarmes, Augusto, no te alarmes. El pobre Mauricio no muerde, ladra.

—¡Ah!, pues haz lo que dice el refrán árabe: "Si vas a detenerte con cada perro que te salga a ladrar al camino, nunca llegarás al fin de él". No sirve tirarle piedras. No le hagas caso.

## LA DECISIÓN

—Creo que hay otro remedio mejor.

—¿Cuál?

—Llevar a prevención° mendrugos° de pan en el bolsillo e irlos tirando a los perros que salen a ladrarnos, porque ladran por hambre.

to prevent / crust

—¿Qué quieres decir?

—Que ahora Mauricio no pretende sino que le busques una colocación° cualquiera o un modo de vivir y dice que me dejará en paz, y si no…

job

—Si no…

—Amenaza con perseguirme para comprometerme…

—¡Desvergonzado!, ¡bandido!

—No te exaltes. Y creo que lo mejor es quitárnosle de en medio buscándole una colocación cualquiera que le dé para vivir y que sea lo más lejos posible. Es además, de mi parte, algo de compasión, porque el pobrecillo es como es, y…

—Acaso tengas razón. Eugenia. Y mira, creo que podré arreglarlo todo. Mañana mismo hablaré a un amigo mío y me parece que le buscaremos empleo.

Y, en efecto, pudo encontrarle empleo y conseguir que le destinasen bastante lejos.

## Niebla

### ¿Comprendiste tú?

**LA OPCIÓN CORRECTA. Completa las siguientes oraciones con la opción que corresponde.**

1. Augusto desea escribir un poema para exaltar ... de Eugenia.
   a. las manos
   b. los ojos
   c. la inteligencia
2. Augusto le pide a Eugenia que toque el piano para...
   a. oír un poco de música
   b. tranquilizarse
   c. inspirarse
3. Eugenia dejó de tocar el piano...
   a. por Rosario
   b. por Augusto
   c. por Mauricio
4. Según Eugenia el poema que escribió Augusto es...
   a. aceptable
   b. desagradable
   c. maravilloso
5. La opinión de Eugenia con respecto al perro de Augusto es...
   a. antipática
   b. simpática
   c. amistosa
6. Mauricio busca a Eugenia...
   a. por amor
   b. por interés
   c. por venganza
7. El refrán árabe que menciona Augusto trata de cómo...
   a. tratar a los perros
   b. satisfacer el hambre
   c. tener éxito en la vida
8. La reacción de Augusto al enterarse lo que piensa hacer Mauricio es...
   a. de enojo
   b. de envidia
   c. de serenidad

9. Augusto va a ... a Mauricio.
   a. buscarle un trabajo
   b. darle dinero
   c. darle un golpe
10. Los novios piensan que Mauricio debe tener un empleo...
   a. muy lejos
   b. muy cansador
   c. con buen sueldo

**¡En español! En esta selección aprendiste palabras nuevas. En una hoja de papel da el equivalente en español de lo siguiente:**

1. otra palabra para "empleo"
2. un pedacito de pan
3. otra palabra para "solución"
4. lo que una persona dice mientras los demás escuchan
5. echar a alguien de la casa
6. el hablar de los perros
7. otra palabra para "parar"
8. no prestar atención
9. sentimiento noble
10. una broma

## ¡A ver!

**Una nota para tus padres. ¿Alguna vez quisiste tener una mascota y tus padres no te dejaron? Escríbeles una nota larga explicándoles bien lo que significa para ti tener esa mascota. Para ayudarte puedes leer otra vez lo que le dice Augusto a Eugenia sobre su perro. Para convencerlos incluye estas frases útiles en tu composición:**

*Me parece que...*
*En realidad...*
*Sin embargo...*
*Sin duda...*

**Desde tu punto de vista. En una hoja de papel describe la relación de Augusto con Eugenia. ¿Crees que forman una pareja ideal? Escribe también las características que debe tener una pareja para ser feliz.**

## ¿Qué piensas?

**PARA DISCUTIR EN GRUPO. Con un(a) compañero(a) lean otra vez el capítulo de *Niebla* y preparen lo siguiente:**

a. Describan a Augusto Pérez, según...
- su personalidad romántica
- su opinión sobre los perros
- sus celos *(jealousy)* con Mauricio

b. Expliquen cómo es Eugenia según...
- su profesión de pianista
- su opinión sobre el poema de Augusto
- su manera de deshacerse *(to get rid of)* de Mauricio

c. Compartan sus opiniones con el resto de la clase.

**COMPARANDO PERSONALIDADES. Augusto no desea deshacerse de Orfeo y da sus razones. Eugenia decididamente no quiere perros. Los dos tienen personalidades fuertes pero con distintas formas de actuar. Completa el siguiente diagrama con las ventajas y desventajas de cada personalidad. Luego, en una hoja de papel, explica quién crees que ganará la discusión y por qué.**

| Personalidad | Ventajas | Desventajas |
|---|---|---|
| El carácter impulsivo de Eugenia | 1.<br>2.<br>3. | 1.<br>2.<br>3. |
| La explicación tranquila de Augusto | 1.<br>2.<br>3. | 1.<br>2.<br>3. |

**ANÁLISIS LITERARIO. En esta selección literaria, el capítulo tiene poesía y prosa. Con un(a) compañero(a) lee el poema que escribió Augusto y hagan lo siguiente:**

a. Analicen los papeles que tienen el cuerpo y el alma en los sentimientos del poeta.

b. Lean los últimos cuatro versos del poema. Expliquen cómo Augusto deja ver en estas líneas que él adora y necesita el amor de Eugenia. Consideren lo siguiente:

- ¿Con qué palabra identifica a Eugenia?
- ¿Qué palabras indican el futuro de Augusto?
- ¿Qué relación hay entre el segundo verso de esta sección y el primer verso del poema?

c. Compartan el trabajo con el resto de la clase.

**VOTACIÓN. Entre toda la clase voten si Augusto y Eugenia son románticamente compatibles. Escojan las tres razones principales que llevan a la clase a esta decisión. Luego decidan si los personajes deben casarse o terminar su relación y quedar como buenos amigos.**

SELECCIÓN 2

## Tú me levantas...

### ¿QUÉ SABES TÚ?

**Contesta las siguientes preguntas. Recuerda que cada lugar tiene su encanto.**

1. ¿Cómo describes el paisaje del lugar donde vives?
2. ¿Cómo afecta la naturaleza (el sol, el cielo, el tiempo, etc.) tu modo de ser?
3. ¿Crees que el lugar donde vives se puede describir en una poesía? ¿Por qué?

### ¡A VISTA DE PÁJARO!

**Lee rápidamente el poema y contesta las siguientes preguntas.**

1. ¿Qué elementos topográficos aparecen en el poema?
2. ¿Es un poema de amor o de odio?
3. No todos los versos del poema tienen la misma métrica. ¿Cuántas métricas distintas hay?

# Tú me levantas...

MIGUEL DE UNAMUNO

*Miguel de Unamuno era de origen vasco, pero pasó la mayor parte de su vida en Salamanca, que está en la región de Castilla. En este poema el autor expresa sus sentimientos hacia Castilla utilizando una gran variedad de imágenes para describir su paisaje.*

# Tú me levantas...

Tú me levantas, tierra de Castilla,
en la rugosa palma de tu mano,
al cielo que te enciende y te refresca,
al cielo, tu amo.

Tierra nervuda, enjuta°, despejada, — dry
madre de corazones y de brazos,
toma el presente en ti viejos colores
del noble antaño°. — long ago

Con la pradera cóncava del cielo
lindan en torno° tus desnudos campos, — lie next around
tiene en ti cuna el sol y en ti sepulcro
y en ti santuario.

Es todo cima tu extensión redonda
y en ti me siento al cielo levantado,
aire de cumbre es el que se respira
aquí, en tus páramos°. — plateau

¡Ara° gigante, tierra castellana, — altar
a ese tu aire soltaré mis cantos,
si te son dignos bajarán al mundo
desde lo alto!

# Tú me levantas...

## ¿Comprendiste tú?

**LA OPCIÓN CORRECTA. Completa las frases con la opción correcta.**

1. La evocación sobre Castilla hace que el poeta...
   a. se levante temprano  b. levante su espíritu  c. levante las manos
2. La segunda estrofa indica que Castilla es un lugar...
   a. árido  b. fértil  c. con árboles
3. La tercera estrofa comienza con una metáfora sobre...
   a. los caminos  b. las nubes  c. el horizonte
4. El verso que dice "tiene en ti cuna el sol y en ti sepulcro" se refiere al...
   a. invierno y verano  b. amanecer y atardecer  c. silencio

## ¡A ver!

**¡A TI TE TOCA! Unamuno usa los adjetivos "cóncava" y "redonda" para describir a Castilla. En una hoja escribe un párrafo sobre un lugar real o imaginario. Utiliza por lo menos cinco adjetivos para describirlo.**

## ¿Qué piensas?

**ORGANIZADOR GRÁFICO. Haz un organizador en forma de pirámide. Sigue las instrucciones para completar cada línea de la pirámide con elementos de "Tú me levantas...".**

LÍNEA 1: El personaje principal del poema.

LÍNEA 2: Los verbos más importantes dentro del poema.

LÍNEA 3: Los versos que afectan directamente al poeta (números).

LÍNEA 4: Los adjetivos que se refieren a la geografía.

LÍNEA 5: Las palabras que comparan a Castilla con un humano.

## La casa de Bernarda Alba

### ¿QUÉ SABES TÚ?

**Contesta las siguientes preguntas.**

1. ¿Prefieres las obras teatrales trágicas o de comedia?
2. ¿Crees que puede haber celos dentro de una familia? Explica tu respuesta.
3. ¿Qué progresos crees que ha tenido la mujer en los últimos cincuenta años? Haz una lista.

### ¡A VISTA DE PÁJARO!

**Mira rápidamente la selección para encontrar la siguiente información.**

1. ¿Qué le pueden indicar al lector los nombres de Martirio y Angustias?
2. Lee las líneas 117, 118 y 119. ¿Hay armonía o hay conflicto?
3. Ahora, selecciona cinco líneas de la lectura que representan un diálogo amistoso y cinco que demuestran enfrentamiento. Escribe el número correspondiente en una tabla como ésta.

| Amistad | Enfrentamiento |
|---|---|
| 1. | |
| 2. | |



CAPÍTULO 4

# Federico García Lorca

(1898-1936)

## SOBRE EL AUTOR

Federico García Lorca nació en Fuente Vaqueros, España. Sus obras más importantes son las tres tragedias: *Bodas de sangre, Yerma* y *La casa de Bernarda Alba.* En poesía, uno de sus trabajos más importantes es *Romancero gitano.* Su contribución a las letras españolas es magnífica.

# La casa de Bernarda Alba

*García Lorca escribió esta obra como un drama, es decir una obra para ser representada en el teatro, y la dividió en tres actos.*

*El acto primero comienza con los comentarios de la criada más vieja de la casa acerca del carácter dominante de Bernarda, una mujer viuda* (widow) *que vive con sus cinco hijas y sólo se preocupa por las apariencias. Angustias, la hija mayor, tiene un pretendiente* (suitor), *Pepe el Romano. Según las otras hermanas, el único interés de Pepe es el dinero de Angustias.*

*El acto segundo muestra claramente los celos y las envidias* (envy) *que existen entre las hermanas.*

**PERSONAJES**

ANGUSTIAS (hija de Bernarda, 39 años)
MAGDALENA (hija de Bernarda, 30 años)
AMELIA (hija de Bernarda, 27 años)
MARTIRIO (hija de Bernarda, 24 años)
ADELA (hija de Bernarda, 20 años)
LA PONCIA (criada, 60 años)
CRIADA (50 años)

## ACTO SEGUNDO

*(Habitación del interior de la casa de Bernarda. Las puertas de la izquierda dan a los dormitorios. Las hijas de Bernarda están sentadas en sillas bajas, cosiendo. Magdalena borda°. Con ellas está La Poncia.)* embroiders

### LA CONVERSACIÓN ENTRE HERMANAS

ANGUSTIAS: Ya he cortado la tercera sábana.

MARTIRIO: Le corresponde a Amelia.

MAGDALENA: Angustias, ¿pongo también las iniciales de Pepe?

ANGUSTIAS *(seca):* No.

MAGDALENA *(a voces°):* Adela, ¿No vienes? calling out

AMELIA: Estará echada en la cama.

LA PONCIA: Ésta tiene algo.

(...)

MARTIRIO: No tiene ni más ni menos que lo que tenemos todas.

MAGDALENA: Todas, menos Angustias.

ANGUSTIAS: Yo me encuentro bien, y al que le duela, que reviente°. explode

MAGDALENA: Desde luego hay que reconocer que lo mejor que has tenido siempre es el talle° y la delicadeza. shape

ANGUSTIAS: Afortunadamente, pronto voy a salir de este infierno.

MAGDALENA: ¡A lo mejor no sales!

MARTIRIO: Dejar esa conversación.

ANGUSTIAS: Y, además, ¡más vale onza en el arca° que ojos negros en la cara! coffer

MAGDALENA: Por un oído me entra y por otro me sale.

AMELIA *(a La Poncia):* Abre la puerta del patio a ver si nos entra un poco de fresco°. *(La criada lo hace.)* cool air

### LOS COMENTARIOS

MARTIRIO: Esta noche pasada no me podía quedar dormida por el calor.

AMELIA: Yo tampoco.

MAGDALENA: Yo me levanté a refrescarme. Había un nublo° negro de tormenta y hasta cayeron algunas gotas.

nube

LA PONCIA: Era la una de la madrugada y subía fuego de la tierra. También me levanté yo. Todavía estaba Angustias con Pepe en la ventana.

MAGDALENA *(con ironía):* ¿Tan tarde? ¿A qué hora se fue?

ANGUSTIAS: Magdalena, ¿a qué preguntas°, si lo viste?

What do you ask for?

AMELIA: Se iría a eso de la una y media.

ANGUSTIAS: ¿Sí? ¿Tú por qué lo sabes?

AMELIA: Lo sentí° toser y oí los pasos de su jaca°.

I heard him / caballo

LA PONCIA: Pero si yo lo sentí marcharse a eso de las cuatro.

ANGUSTIAS: No sería él.

LA PONCIA: Estoy segura.

AMELIA: A mí también me pareció.

MAGDALENA: ¡Qué cosa más rara! *(Pausa.)*

LA PONCIA: Oye, Angustias. ¿Qué fue lo que te dijo la primera vez que se acercó a tu ventana?

ANGUSTIAS: Nada. ¡Qué me iba a decir! Cosas de conversación.

MARTIRIO: Verdaderamente es raro que dos personas que no se conocen se vean de pronto en una reja° y ya novios.

iron gate behind a window

ANGUSTIAS: Pues a mí no me chocó°.

bother

AMELIA: A mí me daría no sé qué.°

It would upset me

ANGUSTIAS: No, porque, cuando un hombre se acerca a una reja ya sabe por los que van y vienen, llevan y traen, que se le va a decir que sí.

MARTIRIO: Bueno, pero él te lo tendría que decir.

ANGUSTIAS: ¡Claro!

AMELIA *(curiosa):* ¿Y cómo te lo dijo?

ANGUSTIAS: Pues nada: "Ya sabes que ando detrás de ti; necesito una mujer buena, modosa°, y ésa eres tú si me das la conformidad°.

quiet

if you agree

AMELIA: ¡A mí me da vergüenza de estas cosas!

ANGUSTIAS: Y a mí, pero hay que pasarlas.

LA PONCIA: ¿Y te habló más?

ANGUSTIAS: Sí, siempre habló él.

MARTIRIO: ¿Y tú?

ANGUSTIAS: Yo no hubiera podido. Casi se me salía el corazón por la boca. Era la primera vez que estaba sola de noche con un hombre.

MAGDALENA: Y un hombre tan guapo.

ANGUSTIAS: No tiene mal tipo°.

°He's not bad

LAS ANÉCDOTAS

LA PONCIA: Esas cosas pasan entre personas ya un poco instruidas, que hablan y dicen y mueven la mano... La primera vez que mi marido Evaristo el Colín vino a mi ventana... Ja, ja, ja.

(...)

AMELIA: ¡Ay! Creí que llegaba nuestra madre.

MAGDALENA: ¡Buenas nos hubiera puesto! *(Siguen riendo.)*

AMELIA: Chissss... ¡Que nos van a oír!

LA PONCIA: Luego se portó bien. En vez de darle por otras cosas le dio por criar colorines° hasta que se murió. A vosotras que sois solteras os conviene saber de todos modos que el hombre a los quince días de boda deja la cama por la mesa y luego la mesa por la taberna y la que no se resigna se muere llorando en un rincón.

°goldfinches

AMELIA: Tú te conformaste.

LA PONCIA: ¡Yo pude con él!

MARTIRIO: ¿Es verdad que le pegaste algunas veces?

LA PONCIA: Sí, y casi le dejo tuerto°.

°one-eyed

MAGDALENA: ¡Así debían ser todas las mujeres!

LA PONCIA: Yo tengo el ejemplo de tu madre. Un día me dijo no sé qué cosa y le maté todos los colorines con la mano del almirez°. *(Ríen.)*

°metal mortar

MAGDALENA: Adela, niña, no te pierdas esto.

AMELIA: Adela. *(Pausa.)*

MAGDALENA: Voy a ver. *(Entra.)*

LA PONCIA: Esa niña está mala°.

°sick

MARTIRIO: Claro, no duerme apenas.

LA PONCIA: ¿Pues qué hace?

MARTIRIO: ¡Yo qué sé lo que hace!

LA PONCIA: Mejor lo sabrás tú que yo, que duermes pared por medio.

ANGUSTIAS: La envidia la come.

AMELIA: No exageres.

ANGUSTIAS: Se lo noto en los ojos. Se le está poniendo mirar de loca.

MARTIRIO: No habléis de locos. Aquí es el único sitio donde no se puede pronunciar esa palabra. *(Sale Magdalena con Adela.)*

## EN CONTRA DE ADELA

MAGDALENA: Pues, ¿no estabas dormida?

ADELA: Tengo mal cuerpo.° [I feel bad]

MARTIRIO *(con intención):* ¿Es que no has dormido bien anoche?

ADELA: Sí.

MARTIRIO: ¿Entonces?

ADELA *(fuerte):* ¡Déjame ya! ¡Durmiendo o velando°, no tienes por qué meterte en lo mío. [staying awake]

(...)

MARTIRIO: ¡Sólo es interés por ti!

ADELA: Interés o inquisición. ¿No estabais cosiendo? Pues seguid. ¡Quisiera ser invisible, pasar por las habitaciones sin que me preguntárais dónde voy!

CRIADA *(entra):* Bernarda os llama. Está el hombre de los encajes°. *(Salen. Al salir, Martirio mira fijamente° a Adela).* [laces / fixedly]

ADELA: ¡No me mires más! Si quieres te daré mis ojos que son frescos y mis espaldas para que te compongas la joroba° [hump] que tienes, pero vuelve° [turn] la cabeza cuando yo paso. *(Se va Martirio.)*

## LOS CONSEJOS

LA PONCIA: ¡Adela! ¡Recuerda que es tu hermana y además la que más te quiere!

ADELA: Me sigue a todos lados. A veces se asoma a mi cuarto para ver si duermo. No me deja respirar. Y siempre, "qué lástima de cara", "qué lastima de cuerpo, que no vaya a ser para nadie!" ¡Y eso no! Mi cuerpo será de quien yo quiera.

LA PONCIA *(con intención y voz baja):* De Pepe el Romano ¿No es eso?

ADELA *(sobrecogida):* ¿Qué dices?

LA PONCIA: Lo que digo, Adela.

ADELA: ¡Calla!

LA PONCIA: ¿Crees que no me he fijado?

ADELA: ¡Baja la voz!

LA PONCIA: ¡Mata esos pensamientos!

ADELA: ¿Qué sabes tú?

LA PONCIA: Las viejas vemos a través de las paredes. ¿A dónde vas a la noche cuando te levantas?

ADELA: ¡Ciegas debías estar!

(...)

LA PONCIA: No seas como los niños chicos. ¡Deja en paz a tu hermana y si Pepe el Romano te gusta te aguantas! *(Adela llora.)* Además, ¿quien dice que no te puedes casar con él? Tu hermana Angustias es una enferma. Ésa se muere con el primer parto°. Es estrecha° de cintura°, vieja, y no hay duda de que se morirá. Entonces Pepe hará lo que hacen todos los viudos° en esta tierra: se casará con la más joven, la más hermosa, y ésa eres tú. Alimenta esa esperanza, olvídalo, lo que quieras, pero no vayas contra la ley de Dios.

childbirth / narrow / waist

widowers

(...)

*En el acto tercero Bernarda descubre los amores de Pepe el Romano con Adela, su hija más joven. Bernarda trata de matarlo con una escopeta pero Pepe escapa. Adela, enloquecida de amor y creyendo que Pepe está muerto, se ahorca.*

*Al encontrarla muerta, Bernarda, que no tolera ninguna deshonra en su familia, les ordena a sus hijas que no digan nada de lo sucedido y que preparen el entierro.*

# La casa de Bernarda Alba

## ¿Comprendiste tú?

**COMPROBACIÓN RÁPIDA. Contesta las siguientes preguntas con frases cortas.**

1. ¿Qué están haciendo las hermanas para la boda de Angustias y Pepe?
2. ¿Por qué no está Adela con ellas?
3. ¿Cómo se siente Angustias sobre su futura boda?
4. Según Angustias, ¿qué es mejor, ser bonita o ser rica?
5. ¿Cómo y cuándo se ven Angustias y Pepe?
6. Según Amelia, ¿cómo sabe a qué hora se marchó Pepe?
7. ¿Cómo es el noviazgo entre Pepe y Angustias? ¿Cómo se siente ella cuando habla con Pepe?
8. ¿Qué deben saber las mujeres solteras según La Poncia?
9. ¿Qué secreto sabe La Poncia sobre Adela?
10. ¿Qué le aconseja La Poncia a Adela?

**¡EN ESPAÑOL! Escribe las palabras que usa Federico García Lorca para referirse a lo siguiente:**

1. primera letra de un nombre
2. acostada
3. caballo
4. me siento mal
5. ¡Qué linda cara!
6. las viejas se enteran de todo
7. no seas caprichosa
8. no hagas cosas malas

**Organizador gráfico.** Lee nuevamente la selección literaria de García Lorca. Busca las líneas de los diálogos que representan preocupación por "el qué dirán" y las que indican celos y envidia. Escribe al lado de la persona correspondiente el número de la línea dónde lo encuentras.

"el qué dirán"

Magdalena: línea ________
Amelia: línea ________
Martirio: línea ________
Adela: línea ________

envidia y celos

Magdalena: línea ________
Amelia: línea ________
Martirio: línea ________
Adela: línea ________

## ¡A ver!

**Opinión y debate.** Con un(a) compañero(a) presten atención a lo que dice Angustias: "Más vale onza en el arca que ojos negros en la cara". Luego decidan si es más importante que una mujer sea rica y tenga buena dote *(dowry)* o que sea bonita. Pueden enfocarse en distintas situaciones. Luego preparen una lista con sus razones y compártanlas con la clase para escuchar su opinión. Finalmente, ¿creen que Pepe el Romano de veras quiere casarse con Angustias por su dinero? ¿Qué es lo que realmente siente por Adela?

| Los sentimientos de Pepe el Romano | |
|---|---|
| Por Angustias | Por Adela |
| | |

## ¿Qué piensas?

**LA PERSONALIDAD DE ADELA. En una hoja de papel escribe tu opinión sobre Adela, la hija menor, con respecto a los siguientes puntos:**

- el querer marcharse de esa casa y de ese pueblo
- el estar enamorada de Pepe el Romano a pesar de su hermana Angustias
- la falta de comunicación con sus hermanas
- lo que opina de su juventud y su belleza
- la reacción contra su hermana Martirio
- los consejos de La Poncia
- la falta de sinceridad con La Poncia
- la decisión de suicidarse

**EL LENGUAJE INFORMAL. El lenguaje que utilizan los personajes de *La casa de Bernarda Alba* es diferente del español estándar. Esto se debe a que es un lenguaje propio del ambiente rural. Lee el acto segundo una vez más y selecciona diez frases dichas en lenguaje informal. Luego, escríbelas nuevamente utilizando un español estándar. (Pista: busca expresiones que son nuevas para ti.)**

| | Lenguaje informal | Español estándar |
|---|---|---|
| 1. | | |
| 2. | | |
| 3. | | |
| 4. | | |
| 5. | | |

**EL LUGAR Y LA ÉPOCA.** **Actualmente las mujeres jóvenes españolas se hallan entre las más educadas de Europa. García Lorca escribió esta tragedia hace más de cincuenta años, cuando la mujer ocupaba un lugar diferente. Explica en dos o tres párrafos el papel que tenía la mujer en la España de Lorca, haciendo especial referencia al lugar geográfico donde se desarrolla el drama. Luego mira el siguiente diagrama y elige las características correctas de la mujer española en esa época.**

**EN LA ACTUALIDAD.** **Imagina que la obra ocurre en la actualidad y los personajes pertenecen a una familia con educación. En grupos de tres analicen cómo cambiarían las siguientes actitudes. Escriban sus conclusiones en una hoja de papel.**

- la preocupación obsesiva de Bernarda por el qué dirán
- la posibilidad de casarse sin el consentimiento de la madre
- la resignación de Angustias a casarse con alguien que no la quiere
- la tensión entre madres e hijas
- el interés de una madre en tener hijas solteras
- la importancia de los consejos de la criada
- un suicidio por amor

Actividad 9

**¿COSAS EN COMÚN? Uno de los temas principales de *La casa de Bernarda Alba* son los celos que existen dentro de la familia. Pero a pesar de todo hay personajes que tienen cierta afinidad *(affinity)* entre sí. A continuación verás los nombres de los personajes principales de la obra. Une con una línea los que tú crees que tienen cosas en común. Ten en cuenta que puedes unir dos o más personajes. Si te parece que algún personaje no tiene afinidad con nadie, déjalo solo.**

| | | |
|---|---|---|
| BERNARDA | LA PONCIA | ADELA |
| MARTIRIO | CRIADA | ANGUSTIAS |
| MAGDALENA | PEPE EL ROMANO | |

**Ahora explica cuáles son las características comunes que tienen los personajes que uniste. Si dejaste a algún personaje solo, indica cuál es la diferencia principal con todos los demás. Por último, comparte tu diagrama con la clase para ver si coinciden.**

## Canción de jinete

### ¿QUÉ SABES TÚ?

**Antes de leer el poema de esta selección, contesta las siguientes preguntas.**

1. ¿Has tenido la experiencia de montar a caballo?
2. ¿Crees que en ciertas situaciones es mejor transportarse a caballo que en automóvil? ¿En cuáles?
3. ¿Eres una persona optimista o pesimista? Explica.
4. Si estás viajando, ¿qué tipo de problemas te harían regresar?

### ¡A VISTA DE PÁJARO!

**Un estribillo es la repetición de palabras al final de una estrofa. Mira rápidamente el poema y di cuál es el estribillo y cuántos versos tiene. Luego indica si, a primera vista, el poema te parece alegre o trágico.**



# Canción de jinete

FEDERICO GARCÍA LORCA

*La poesía de Federico García Lorca combina el tema popular con lo intelectual. Sus personajes mueren a causa del amor, de la violencia o de la pasión en situaciones universales que el autor ambienta en un escenario español. En este poema expresa los pensamientos de un jinete en la soledad de su viaje.*

# Canción de jinete

Córdoba.
Lejana y sola.

Jaca negra, luna grande,
y aceitunas en mi alforja.
Aunque sepa los caminos
yo nunca llegaré a Córdoba.

Por el llano, por el viento,
jaca negra, luna roja.
La muerte me está mirando
desde las torres de Córdoba.

¡Ay qué camino tan largo!
¡Ay mi jaca valerosa!
¡Ay que la muerte me espera,
antes de llegar a Córdoba!

Córdoba.
Lejana y sola.

# Canción de jinete

## ¿Comprendiste tú?

**EN RESUMEN. Contesta las siguientes preguntas basándote en el poema.**

1. ¿A dónde va el jinete?
2. ¿En qué país queda ese lugar?
3. ¿Qué hora es?
4. ¿Cómo está el tiempo?
5. ¿Qué es una jaca?
6. ¿De qué color es su caballo?
7. ¿Qué lleva en su alforja?
8. ¿El camino que recorre es montaña o llanura?
9. ¿Conoce el jinete su camino?
10. ¿Qué le espera en el camino?

**¡EN ESPAÑOL! Escribe oraciones que no están relacionadas con el poema utilizando las siguientes palabras.**

1. jaca: ______________________________
2. alforja: ______________________________
3. llano: ______________________________
4. valerosa: ______________________________
5. lejana: ______________________________
6. sola: ______________________________
7. aceitunas: ______________________________
8. nunca: ______________________________

## ¡A ver!

**EN PAREJA. Con un(a) compañero(a) lean nuevamente el poema y decidan si el personaje central es pesimista o simplemente lucha contra su destino. Luego creen una situación parecida a la del jinete pero ambientada en una ciudad, teniendo en cuenta los obstáculos que puede tener una persona para llegar a determinado lugar.**

## ¿Qué piensas?

**DESCRIBIENDO LOS SENTIMIENTOS. Escribe un ensayo corto explicando los siguientes puntos:**

1. ¿Qué dice el estribillo del poema "Canción de jinete"? ¿Qué impresión le da al lector?
2. ¿Qué simbolizan los colores en el poema?
3. ¿Qué representan las torres?
4. Una anáfora es una palabra que se repite frecuentemente en un poema. ¿Cuál es la anáfora en este poema? ¿Crees que pone énfasis en algo especial? ¿En qué?
5. Personificar es atribuir cualidades humanas a cosas inanimadas. ¿Puedes encontrar un ejemplo de personificación en este poema?

**EN GRUPO. En grupos de tres, decidan por qué aparece la palabra "canción" en el título del poema. Luego indiquen los elementos en común que tienen los poemas y las canciones. Compartan su opinión con el resto de la clase.**

SELECCIÓN 1

## Balada de la estrella

### ¿QUÉ SABES TÚ?

**Contesta las siguientes preguntas.**

1. ¿Crees que la tristeza es una emoción que se puede esconder? ¿Cómo puedes controlarla?
2. Cuando estás triste, ¿lo comentas con alguien? ¿Por qué?
3. ¿Qué cosas te pueden provocar tristeza?

### ¡A VISTA DE PÁJARO!

**Lee rápidamente el poema. Luego duplica en una hoja aparte la estrella que aparece más abajo y complétala con las respuestas a estas preguntas.**

1. ¿Qué crees que significa el título "Balada de la estrella"?
2. ¿Cuántos cuartetos (estrofas de cuatro versos) hay?
3. ¿Cuántos tercetos (estrofas de tres versos) hay?
4. ¿Quiénes son los personajes del poema?
5. ¿Cuál es el tema principal?

CAPÍTULO 5

# Gabriela Mistral

(1889-1957)

## SOBRE EL AUTOR

Su verdadero nombre era Lucila Godoy Alcayaga. Nació en Vicuña, Chile, y fue una de las grandes poetisas de Latinoamérica.

Desde muy joven se dedicó a la enseñanza y entre sus obras se destacan *Desolación* (1922), *Ternura* (1924), *Tala* (1938) y *Lagar* (1954). Gabriela Mistral fue la primera mujer de habla española en recibir el Premio Nóbel de Literatura.

# Balada de la estrella

*Este poema habla del sufrimiento de una mujer que se siente muy sola y triste y decide consultar su situación con una hermosa y brillante estrella, quien le da una respuesta inesperada.*

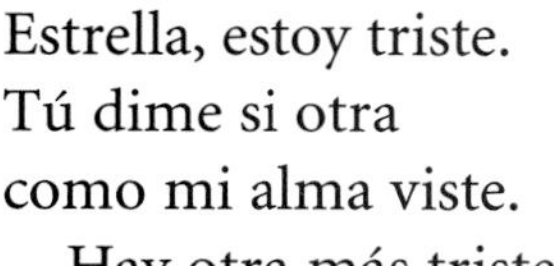

Estrella, estoy triste.
Tú dime si otra
como mi alma viste.
—Hay otra más triste.

—Estoy sola, estrella.
Di a mi alma si existe
otra como ella.
—Sí —dice la estrella.

—Contempla mi llanto.
Dime si otra lleva
de lágrimas manto.
—En otra hay más llanto.

—Di quién es la triste,
di quién es la sola,
si la conociste.

—Soy yo, la que encanto,
soy yo la que tengo
mi luz hecha llanto.

## Balada de la estrella

### ¿Comprendiste tú?

**LA OPCIÓN CORRECTA. Completa cada frase con la opción correcta.**

1. La mujer busca a la estrella porque...
   a. le gusta la noche b. no tiene casa c. está sola
2. La mujer cree que la estrella es...
   a. amable b. feliz c. triste
3. En la tercera estrofa la narradora...
   a. llora b. siente frío c. canta
4. La mujer decide consultar con la estrella porque ésta...
   a. es muy bella b. está triste c. ilumina el cielo
5. El poema concluye que quien siente más dolor es...
   a. la estrella b. la mujer c. el alma

### ¡A ver!

**COMPARTIENDO LA TRISTEZA. La tristeza y la soledad son sentimientos que afectan a muchas personas. La narradora del poema eligió a una estrella para compartir su dolor. Quieres escoger a una persona para contarle tus problemas. ¿Qué características debe tener? Explícalo en una hoja.**

### ¿Qué piensas?

**PERSONIFICACIÓN. La personificación es una figura literaria que le da condiciones humanas a ciertas cosas. Con un(a) compañero(a) indiquen qué personificación se destaca en este poema y elijan dos versos que la muestran. Luego lean nuevamente el poema y digan qué otros elementos se pueden personificar. Escriban un ejemplo para cada uno.**

SELECCIÓN 2

## Meciendo

### ¿QUÉ SABES TÚ?

**Antes de leer el poema, contesta estas preguntas.**

1. ¿Qué canciones de cuna *(lullaby)* recuerdas?
2. ¿Alguna vez te sentaste en una silla mecedora *(rocking chair)*? ¿Crees que descansas mejor que en una silla común? ¿Por qué?
3. ¿Cómo describes los efectos de una silla mecedora en un niño? ¿Y en un anciano?
4. Duplica este diagrama y complétalo con la información que se pide sobre estas tres palabras.

| Palabras | ¿Dónde encuentras... | ¿Qué emociones sientes con... |
|---|---|---|
| olas | | |
| vientos | | |
| sombra | | |

### ¡A VISTA DE PÁJARO!

**Lee rápidamente el poema y contesta estas preguntas.**

1. ¿Qué relación hay entre el título del poema y una silla mecedora?
2. ¿Dónde transcurre el poema?
3. ¿Quiénes son los protagonistas?
4. ¿Qué frases se repiten?

# Meciendo

GABRIELA MISTRAL

*Gabriela Mistral muestra en estos versos la tranquilidad de una madre al estar en su casa con su hijo. Sus pensamientos sobre la naturaleza hacen del poema una excelente combinación de imágenes y sentimientos.*

# Meciendo

El mar sus millares de olas
mece, divino.
Oyendo a los mares amantes
mezo a mi niño.

El viento errabundo en la noche
mece los trigos.
Oyendo a los vientos amantes
mezo a mi niño.

Dios Padre sus miles de mundos
mece sin ruido.
Sintiendo su mano en la sombra
mezo a mi niño.

## Meciendo

## ¿Comprendiste tú?

**LA OPCIÓN CORRECTA. Completa cada frase con la opción correcta.**

1. La poetisa compara la acción de mecer con...
   a. la naturaleza
   c. un juego de niños
   b. las madres que viven cerca del mar
2. El mecer a un niño implica una acción...
   a. de cariño
   c. de cansancio
   b. de reto
3. La poetisa habla de la naturaleza en forma...
   a. furiosa
   c. aburrida
   b. adorable

4. Los elementos naturales que aparecen en el poema indican...
   a. cómo pueden afectar a un niño
   b. los cambios de clima
   c. los sentimientos de la autora
5. La mujer del poema demuestra...
   a. serenidad
   b. nerviosismo
   c. miedo

## ¡A ver!

**Análisis. En una hoja de papel contesta las siguientes preguntas relacionadas con "Meciendo".**

1. ¿Cuál es el estribillo (verso que se repite frecuentemente) del poema? ¿Te indica algo en especial?
2. ¿Qué significan los dos últimos versos: "Sintiendo su mano en la sombra mezo a mi niño."
3. ¿De qué otra manera compartirías tú momentos de felicidad con un niño? Si tienes hermanos o sobrinos pequeños, explica cómo te diviertes con ellos.

## ¿Qué piensas?

**Expresando sentimientos. La autora expresa sus sentimientos hacia el niño y hacia la naturaleza al mismo tiempo. En cada estrofa hay algo que le da satisfacción. En grupos de tres lean nuevamente el poema y decidan qué sensación experimenta la autora con respecto a los elementos que hay en cada estrofa. Luego compartan su decisión con la clase.**

| | Elementos | Sensación |
|---|---|---|
| Primera estrofa | | |
| Segunda estrofa | | |
| Tercera estrofa | | |

## SELECCIÓN 1

### El árbol de oro

#### ¿QUÉ SABES TÚ?

**Contesta las siguientes preguntas antes de pasar a la lectura.**

1. ¿Hay algún lugar que te trae buenos recuerdos de tu niñez? ¿Cuál es?
2. ¿Prefieres ir de vacaciones a la ciudad, al campo o la playa? ¿Por qué?
3. ¿Visitas a tus abuelos o parientes que viven lejos?
4. ¿Tienes algún objeto de tu niñez que guardas como un tesoro? ¿Qué es y por qué es tan importante ?

#### ¡A VISTA DE PÁJARO!

**Lee la selección rápidamente y haz una pirámide para organizar gráficamente los siguientes elementos del cuento.**

1. el nombre de la maestra
2. el nombre de dos alumnos
3. tres partes de un árbol
4. cuatro elementos que a primera vista te parecen parte importante del cuento

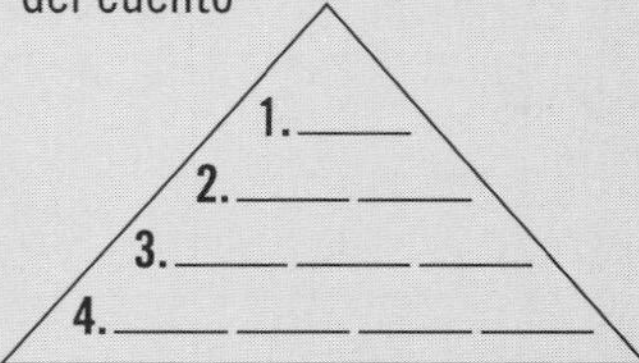




## CAPÍTULO 6

# Ana María Matute

(1926 - )

## SOBRE EL AUTOR

Ana María Matute nació en Barcelona, España. A los diecisiete años escribió su primera novela, *Pequeño teatro.* Debe su fama a los cuentos de su colección *Historias de la Artámila* (1961). Matute recibió el Premio Café Gijón, el Premio Nacional de Literatura y el Premio Nadal.

# El árbol de oro

*El árbol de oro es un cuento lleno de símbolos y alegorías. Hay fantasía, celos, soledad y melancolía. La autora muestra en este cuento el mundo interior de ser niño. Ivo, el personaje principal del cuento, y la narradora tienen la misma edad. Ivo comparte un secreto con la narradora, quien se lleva una sorpresa al tratar de averiguar algo más.*

## EN LA ESCUELA

Asistí durante un otoño a la escuela de la señorita Leocadia, en la aldea°, porque mi salud no andaba bien y el abuelo retrasó mi vuelta a la ciudad. Como era el tiempo frío y estaban los suelos embarrados° y no se veía rastro de muchachos, me aburría dentro de la casa, y pedí al abuelo asistir a la escuela. El abuelo consintió, y acudí a aquella casita alargada y blanca de cal, con el tejado pajizo° y requemado por el sol y las nieves, a las afueras del pueblo.

La señorita Leocadia era alta y gruesa°, tenía el carácter más bien áspero y grandes juanetes° en los pies, que la obligaban a andar como quien arrastra cadenas. Las clases en la escuela, con la lluvia rebotando en el tejado y en los cristales, con las moscas pegajosas de la tormenta persiguiéndose alrededor de la bombilla°, tenían su atractivo. Recuerdo especialmente a un muchacho de unos diez años, hijo de un aparcero° muy pobre, llamado Ivo. Era un muchacho delgado, de ojos azules, que

village
muddy
made with straw
fat
bunions
light bulb
sharecropper

bizqueaba° ligeramente al hablar. Todos los muchachos y muchachas de la escuela admiraban y envidiaban un poco a Ivo, por el don° que poseía de atraer la atención sobre sí, en todo momento. No es que fuera ni inteligente ni gracioso, y, sin embargo, había algo en él, en su voz quizás, en las cosas que contaba, que conseguía cautivar a quien le escuchase. También la señorita Leocadia se dejaba prender de aquella red de plata que Ivo tendía a cuantos atendían sus enrevesadas° conversaciones, y —yo creo que muchas veces contra su voluntad— la señorita Leocadia le confiaba a Ivo tareas deseadas por todos, o distinciones que merecían alumnos más estudiosos y aplicados.

squinted
gift
tangled

## LA TORRECITA

Quizá lo que más se envidiaba de Ivo era la posesión de la codiciada llave de la torrecita. Ésta era, en efecto, una pequeña torre situada en un ángulo de la escuela, en cuyo interior se guardaban los libros de lectura. Allí entraba Ivo a buscarlos, y allí volvía a dejarlos, al terminar la clase. La señorita Leocadia se lo encomendó° a él, nadie sabía en realidad por qué.

entrusted

Ivo estaba muy orgulloso de esta distinción, y por nada del mundo la hubiera cedido. Un día, Mateo Heredia, el más aplicado y estudioso de la escuela, pidió encargarse de la tarea —a todos nos fascinaba el misterioso interior de la torrecita, donde no entramos nunca— y la señorita Leocadia pareció acceder. Pero Ivo se levantó, y acercándose a la maestra empezó a hablarle en su voz baja, bizqueando los ojos y moviendo mucho las manos, como tenía por costumbre. La maestra dudó un poco, y al fin dijo:

—Quede todo como estaba. Que siga encargándose Ivo de la torrecita.

## EL TESORO DE IVO

A la salida de la escuela le pregunté:

—¿Qué le has dicho a la maestra?

Ivo me miró de través y vi relampaguear° sus ojos azules.

flash

—Le hablé del árbol de oro.

Sentí una gran curiosidad.

—¿Qué árbol?

Hacía frío y el camino estaba húmedo, con grandes charcos° que brillaban al sol pálido de la tarde. Ivo empezó a chapotear en ellos, sonriendo con misterio.

puddles

—Si no se lo cuentas a nadie…

—Te lo juro, que a nadie se lo diré.

Entonces Ivo me explicó:

—Veo un árbol de oro. Un árbol completamente de oro: ramas, tronco, hojas… ¿sabes? Las hojas no se caen nunca. En verano, en invierno, siempre. Resplandece mucho; tanto, que tengo que cerrar los ojos para que no me duelan.

—¡Qué embustero° eres! —dije, aunque con algo de zozobra°.

liar / uncertainty

Ivo me miró con desprecio.

—No te lo creas —contestó—. Me es completamente igual que te lo creas o no… ¡Nadie entrará nunca en la torrecita, y a nadie dejaré ver mi árbol de oro! ¡Es mío! La señorita Leocadia lo sabe, y no se atreve a darle la llave a Mateo Heredia, ni a nadie… ¡Mientras yo viva, nadie podrá entrar allí y ver mi árbol!

Lo dijo de tal forma que no pude evitar preguntarle:

—¿Y cómo lo ves…?

—Ah, no es fácil —dijo, con aire misterioso—. Cualquiera no podría verlo. Yo sé la rendija° exacta.

crack

—¿Rendija?

—Sí, una rendija de la pared. Una que hay corriendo el cajón de la derecha: me agacho y me paso horas y horas… ¡Cómo brilla el árbol! ¡Cómo brilla! Fíjate que si algún pájaro se le pone encima también se vuelve de oro. Eso me digo yo: si me subiera a una rama, ¿me volvería acaso de oro también?

## LA INTRIGA

No supe qué decirle, pero desde aquel momento, mi deseo de ver el árbol creció de tal forma que me desasosegaba°. Todos los días, al acabar la clase de lectura, Ivo se acercaba al cajón de la maestra, sacaba la llave y se dirigía a la torrecita. Cuando volvía, le preguntaba:

made me restless

—¿Lo has visto?

—Sí —me contestaba. Y, a veces, explicaba alguna novedad:

—Le han salido unas flores raras. Mira: así de grandes, como mi mano lo menos, y con los pétalos alargados. Me parece que esa flor es parecida al arzadú.

—¡La flor del río! —decía yo, con asombro—. ¡Pero el arzadú es encarnado°!

rojo

—Muy bien —asentía él, con gesto de paciencia—. Pero mi árbol es de oro puro.

—Además, el arzadú crece al borde de los caminos... y no es un árbol.

No se podía discutir con él. Siempre tenía razón, o por lo menos lo parecía.

## LA OPORTUNIDAD

Ocurrió entonces algo que secretamente yo deseaba; me avergonzaba sentirlo, pero así era: Ivo enfermó, y la señorita Leocadia encargó a otro la llave de la torrecita. Primeramente, la disfrutó Mateo Heredia. Yo espié su regreso, el primer día, y le dije:—¿Has visto un árbol de oro?

—¿Qué andas graznando°? —me contestó de malos modos, porque no era simpático, y menos conmigo. Quise dárselo a entender pero no me hizo caso. Unos días después me dijo:

cawing

—Si me das algo a cambio, te dejo un ratito la llave y vas durante el recreo. Nadie te verá…

Vacié mi hucha°, y, por fin, conseguí la codiciada llave. Mis manos temblaban de emoción cuando entré en el cuartito de la torre. Allí estaba el cajón. Lo aparté y vi brillar la rendija en la oscuridad. Me agaché y miré.

piggy-bank

Cuando la luz dejó de cegarme, mi ojo derecho sólo descubrió una cosa: la seca tierra de la llanura alargándose hacia el cielo. Nada más. Lo mismo que se veía desde las ventanas altas. La tierra desnuda y yerma, y nada más que la tierra. Tuve una gran decepción y la seguridad de que me habían estafado°. No sabía cómo ni de qué manera, pero me habían estafado.

fooled

Olvidé la llave y el árbol de oro. Antes de que llegaran las nieves regresé a la ciudad.

Dos veranos más tarde volví a las montañas. Un día, pasando por el cementerio —era tarde y se anunciaba la noche en el cielo: el sol, como una bola roja, caía a lo lejos, hacia la carrera terrible y sosegada de la llanura—, vi algo extraño. De la tierra grasienta y pedregosa, entre las cruces caídas, nacía un árbol grande y hermoso, con las hojas anchas de oro: encendido y brillante todo él, cegador. Algo me vino a la memoria, como un sueño, y pensé: "Es un árbol de oro". Busqué al pie del árbol, y no tardé en dar con una crucecilla de hierro negro, mohosa por la lluvia. Mientras la enderezaba, leí: IVO MÁRQUEZ, DE DIEZ AÑOS DE EDAD.

Y no daba tristeza alguna, sino tal vez, una extraña y muy grande alegría.

## El árbol de oro

### ¿Comprendiste tú?

**LA OPCIÓN CORRECTA. Escoge la opción que completa correctamente cada frase.**

1. La escuela de la señorita Leocadia...
   a. quedaba en la ciudad
   b. estaba en las afueras del pueblo
   c. estaba en el centro de la aldea
2. Según los otros estudiantes, Ivo recibía preferencia de la señorita Leocadia porque...
   a. le daba la llave de la torrecita
   b. le daba muchas tareas
   c. era estudioso y aplicado
3. Ivo no quiere que Mateo Heredia tenga la llave, por eso...
   a. le dice algo en voz baja a la Srta. Leocadia
   b. camina a la escuela con la narradora
   c. le da unos libros de lectura

4. Según Ivo, ¿qué ve por la rendija de la pared?
   a. una torrecita llena de libros
   b. un árbol de oro
   c. el tejado pajizo de la escuela
5. La señorita Leocadia le da la llave a Mateo Heredia cuando...
   a. Ivo ya no quiso ir a la torrecita
   b. Mateo aprobó un examen
   c. Ivo faltó a la escuela porque se enfermó
6. Para conseguir la llave de la torrecita, la narradora...
   a. robó la llave de las manos de Mateo
   b. le dio a Mateo el poco dinero que tenía
   c. le pidió permiso a la profesora
7. La narradora ve desde la rendija...
   a. un árbol con hojas, ramas y flores de oro
   b. la tierra desnuda y yerma
   c. una crucecilla de hierro negro
8. La narradora volvió a la ciudad porque...
   a. se sentía estafada
   b. llegaba el invierno
   c. no tenía dinero en su hucha
9. Al ver el árbol brillante por el sol, la narradora se acordó de...
   a. la Srta. Leocadia
   b. la gente de la aldea
   c. su compañero de clase
10. Al final la narradora se sintió muy emocionada porque comprendió que...
   a. el árbol de Ivo tenía hojas anchas de oro
   b. el árbol era grande y hermoso
   c. Ivo había compartido con ella su secreto

**EN TUS PROPIAS PALABRAS.** **Usando tus propias palabras escribe un párrafo de cinco líneas y comenta sobre tres de los siguientes temas. Luego en grupos de tres, comparte tu trabajo.**

- La apariencia física de la Srta. Leocadia
- La voz de Ivo
- La personalidad de Mateo Heredia
- La descripción que hace Ivo del árbol de oro
- La curiosidad de la narradora

## ¡A ver!

**Y, ¿TÚ?** **En una hoja aparte, escribe una página relatando cómo fue tu experiencia cuando fuiste a la escuela primaria, ¿tuviste algún(a) maestro(a) que les daba privilegios a ciertos alumnos? ¿Qué privilegios? ¿Fuiste o no fuiste uno de los privilegiados? ¿Cómo te sentiste?**

## ¿Qué piensas?

**ANÁLISIS EN PAREJA.** **Lee las siguientes líneas del cuento con un(a) compañero(a) y contesten las preguntas con sus propias deducciones. Escriban sus respuestas en una hoja de papel.**

*"La maestra dudó un poco, y al fin dijo —Quede todo como estaba. Que siga encargándose Ivo de la torrecita."*

a. ¿Había algún motivo claro para que Ivo tuviera la llave?
b. ¿La señorita Leocadia sabía algo sobre la salud de Ivo?
c. ¿Crees que alguno de los compañeros también lo sabía?
d. ¿Por qué la señorita Leocadia le ofreció la llave a Mateo Heredia?
e. ¿Por qué la señorita Leocadia nunca les explicó a los estudiantes por qué hacía esto?

**Acción y resultado.** **Cada acción tiene un motivo y un resultado. Repasa "El árbol de oro" y, en una hoja aparte, explica el porqué de las acciones que aparecen en la primera columna de este cuadro y sus resultados.**

| Acción | El porqué de la acción | Resultado de la acción |
|---|---|---|
| 1. La narradora retrasó su vuelta a la ciudad. | | |
| 2. La Srta. Leocadia le dio la llave de la torrecita a Ivo. | | |
| 3. La narradora miraba por la rendija de la pared. | | |
| 4. La narradora pasó por el cementerio. | | |

**Cronología.** **En una hoja aparte, pon en orden cronológico el proceso que hace del árbol de oro de Ivo una historia fascinante.**

a. pasa horas y horas
b. le salen unas flores raras
c. el árbol brilla mucho
d. lo ve desde la rendija
e. necesita la llave para ir a la torrecita
f. si un pájaro se pone encima se vuelve de oro
g. entre las cruces nacía un árbol hermoso
h. corre el cajón

**Los símbolos.** **El árbol de oro representa un tesoro valioso que poseía Ivo. En grupos de tres, escriban un ensayo explicando los siguientes puntos.**

- ¿Por qué Ivo no le dejaba ver el árbol a nadie?
- ¿Qué pretendía Ivo con mantener este secreto?
- ¿Crees que se puede asociar el árbol de oro directamente con la muerte? ¿Por qué?
- ¿Por qué el árbol es precisamente de oro y no de otro material?
- ¿Qué otros símbolos encuentras en el cuento?

**SÍMILES. Un símil es una comparación de un objeto con otro para hacer más descriptiva la narración. A continuación verás tres ejemplos de símiles que aparecen en el cuento. Búscalos en la lectura, anota en qué línea aparecen y explica a qué se refiere cada uno y qué significa.**

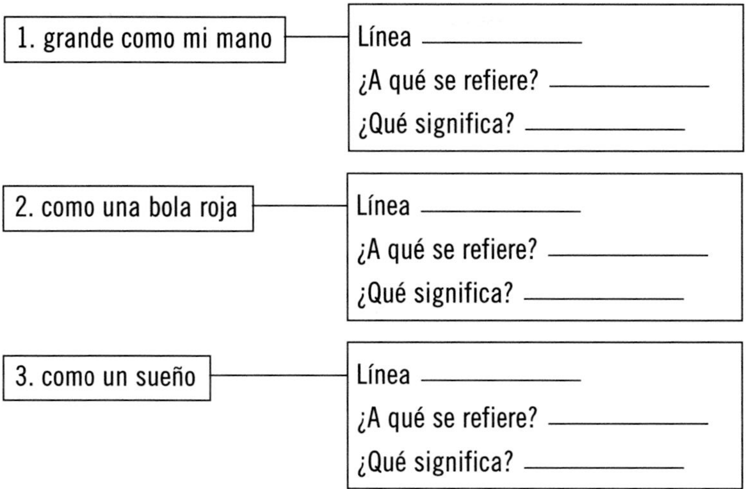

1. grande como mi mano
Línea ____________
¿A qué se refiere? ____________
¿Qué significa? ____________

2. como una bola roja
Línea ____________
¿A qué se refiere? ____________
¿Qué significa? ____________

3. como un sueño
Línea ____________
¿A qué se refiere? ____________
¿Qué significa? ____________

**LA VOZ NARRATIVA. Con un(a) compañero(a) contesten las siguientes preguntas. Luego compartan sus respuestas con la clase.**

1. La voz narrativa es uno de los personajes principales de este cuento. ¿Sabes cómo se llama?
2. ¿Cómo describe la voz narrativa el ambiente donde se desarrolla el cuento? ¿Crees que se siente a gusto en ese lugar?
3. Una voz narrativa limitada se produce cuando el(la) narrador(a) ve, oye y experimenta por sí mismo(a) lo que narra. ¿Puedes dar tres ejemplos de voz narrativa limitada en este cuento?
4. Entre todos los personajes del cuento, ¿en qué lugar de importancia pondrías a la voz narrativa? Indícalo con un número teniendo en cuenta que el lugar más importante se representa con el número 1.

## SELECCIÓN 1

### El brujo postergado

### ¿QUÉ SABES TÚ?

**El diccionario define la palabra "ambición" como una pasión incontrolable por la gloria o la fortuna. También puede ser el deseo de lograr éxito en algo. Lee estas frases y di en cada caso si la ambición es positiva o negativa. Explica por qué.**

1. Su ambición es ser un médico excelente.
2. La ambición del rey Midas es tener oro y poder.
3. Alfredo tiene la ambición de visitar Europa.
4. La ambición del presidente es eliminar la pobreza.

### ¡A VISTA DE PÁJARO!

**Mira rápidamente el cuento y contesta las siguientes preguntas.**

1. ¿A qué se refiere el título con la palabra "brujo"?
2. ¿En qué ciudad vivía el brujo?
3. ¿Quién recibe nombramientos?
4. ¿Hay más personajes?



## CAPÍTULO 7

# Jorge Luis Borges

(1899 -1986)

## SOBRE EL AUTOR

Jorge Luis Borges nació en Argentina, fue director de la Biblioteca Nacional y profesor de literatura inglesa. Ganó el Premio Nacional de Literatura con su libro *El Aleph.*

Sus cuentos tienen mucho suspenso y frecuentemente hacen referencia a otras culturas, incluyendo frases en latín o en inglés.

# El brujo postergado

*Este cuento se basa en uno de los cuentos del libro* El Conde Lucanor, *una de la joyas literarias de la literatura española medieval. Borges lo transforma en un cuento metafísico, es decir que presenta elementos abstractos, con el fin de sorprender al lector. La trama se desarrolla a través del tiempo y en varios escenarios que sirven para probar el cumplimiento de una promesa.*

## BUSCANDO AL BRUJO

En Santiago había un deán que tenía codicia° de aprender el arte de la magia. Oyó decir que don Illán de Toledo° la sabía más que ninguno, y fue a Toledo a buscarlo.

greed

ciudad española que data de la época medieval

El día que llegó enderezó° a la casa de don Illán y lo encontró leyendo en una habitación apartada. Éste lo recibió con bondad y le dijo que postergara° el motivo de su visita hasta después de comer. Le señaló un alojamiento muy fresco y le dijo que lo alegraba mucho su venida. Después de comer, el deán le refirió la razón de aquella visita y le rogó que le enseñara la ciencia mágica. Don Illán le dijo que adivinaba° que era deán, hombre de

fue

postpone

realized, guessed

buena posición y buen porvenir°, y que temía ser olvidado° luego por él. El deán le prometió y le aseguró que nunca olvidaría aquella merced°, y que estaría siempre a sus órdenes. Ya arreglado el asunto°, explicó don Illán que las artes mágicas no se podían aprender sino en sitio apartado°, y tomándolo por la mano, lo llevó a una pieza contigua, en cuyo piso había una gran argolla de fierro°. Antes le dijo a la sirvienta que tuviese perdices° para la cena, pero que no las pusiera a asar° hasta que la mandaran. Levantaron la argolla entre los dos y descendieron por una escalera de piedra bien labrada, hasta que al deán le pareció que habían bajado tanto que el lecho del Tajo° estaba sobre ellos. Al pie de la escalera había una celda° y luego una biblioteca y luego una especie de gabinete° con instrumentos mágicos. Revisaron los libros y en eso estaban cuando entraron dos hombres con una carta para el deán, escrita por el obispo, su tío, en la que le hacía saber que estaba muy enfermo y que, si quería encontrarlo vivo, no demorase°. Al deán lo contrariaron° mucho estas nuevas, lo uno por la dolencia° de su tío, lo otro por tener que interrumpir los estudios. Optó por escribir una disculpa y la mandó al obispo. A los tres días llegaron unos hombres de luto con otras cartas para el deán, en las que se leía que el obispo había fallecido°, que estaban eligiendo sucesor, y que esperaban por la gracia de Dios que lo elegirían a él. Decían también que no se molestara° en venir, puesto que parecía mucho mejor que lo eligieran en su ausencia.

futuro / feared to be forgotten by him
favor
Once everything was set
off site
iron ring / partridges
broil
bed of the river Tajo
cell
lab
delay / he became upset
illness
passed away
don't bother

LOS NOMBRAMIENTOS

A los diez días vinieron dos escuderos° muy bien vestidos, que se arrojaron a sus pies y besaron sus manos, y lo saludaron obispo. Cuando don Illán vio estas cosas, se dirigió con mucha alegría al nuevo prelado y le dijo que agradecía al Señor que tan buenas nuevas llegaran a su casa. Luego le pidió el decanazgo° vacante para uno de sus hijos. El obispo le hizo saber que había reservado el decanazgo para su propio hermano, pero que había determinado favorecerlo° y que partiesen° juntos para Santiago.

Fueron para Santiago los tres, donde los recibieron con honores. A los seis meses recibió el obispo mandaderos° del Papa

squire, nobleman
deanship
to honor his request / they should leave for
messengers

que le ofrecía el arzobispado de Tolosa°, dejando en sus manos el nombramiento de sucesor. Cuando don Illán supo esto, le recordó la antigua promesa y pidió este título para su hijo. El arzobispo le hizo saber que había reservado el obispado para su propio tío, hermano de su padre, pero que había determinado favorecerlo y que partiesen juntos para Tolosa. Don Illán no tuvo más remedio que asentir°.

°Tolosa: ciudad en el sur de Francia
°asentir: to agree

Fueron para Tolosa los tres, donde los recibieron con honores y misas. A los dos años recibió el arzobispo mandaderos del Papa que le ofrecía el capelo de Cardenal dejando en sus manos el nombramiento de sucesor. Cuando don Illán supo esto, le recordó la antigua promesa y le pidió este título para su hijo. El Cardenal le hizo saber que había reservado el arzobispado para su propio tío, hermano de su madre, que había determinado favorecerlo y que partiesen juntos para Roma. Don Illán no tuvo más remedio que asentir. Fueron para Roma los tres, donde los recibieron con honores y misas y procesiones.

## LA LECCIÓN

—A los cuatro años murió el Papa y nuestro Cardenal fue elegido para el papado por todos los demás. Cuando don Illán supo esto, besó los pies de Su Santidad, le recordó la antigua promesa y le pidió el cardenalato° para su hijo. El Papa lo amenazó con la cárcel°, diciéndole que bien sabía él que no era más que un brujo y que en Toledo había sido profesor de artes mágicas. El miserable don Illán dijo que iba a volver a España y le pidió algo para comer durante el camino. El Papa no accedió. Entonces don Illán (cuyo rostro se había remozado° de un modo extraño), dijo con una voz sin temblor:

—Pues tendré que comerme las perdices que para esta noche encargué.

La sirvienta se presentó y don Illán le dijo que las asara. A estas palabras, el Papa se halló en la celda subterránea en Toledo, solamente deán de Santiago, y tan avergonzado° por su ingratitud que no atinaba a disculparse°. Don Illán dijo que bastaba con esa prueba, le negó su parte de las perdices y lo acompañó hasta la calle, donde le deseó feliz viaje y lo despidió con gran cortesía.

°cardenalato: cardinal position
°cárcel: jail
°remozado: rejuvenated
°avergonzado: so ashamed
°no atinaba a disculparse: he wasn't able to offer excuses

# El brujo postergado

## ¿Comprendiste tú?

**¿CIERTO O FALSO?** **Lee cada una de las frases e indica si son ciertas o falsas. Si son falsas explica por qué en una hoja aparte.**

| | CIERTO | FALSO |
|---|---|---|
| 1. El deán fue a Roma a visitar a Don Illán. | ❑ | ❑ |
| 2. Don Illán lo recibió con mucha cortesía. | ❑ | ❑ |
| 3. El deán era importante y tenía un gran futuro. | ❑ | ❑ |
| 4. La sirvienta tenía que cocinar la cena enseguida. | ❑ | ❑ |
| 5. Los dos hombres salieron al patio para conversar. | ❑ | ❑ |
| 6. El deán era el sobrino del obispo. | ❑ | ❑ |
| 7. Don Illán pidió el puesto de deán para uno de sus hijos. | ❑ | ❑ |
| 8. El título de cardenal es la posición que sigue a deán. | ❑ | ❑ |
| 9. El Papa le dio a Don Illán algo de comer para el camino. | ❑ | ❑ |
| 10. Al final, los dos hombres se sientan a comer las perdices. | ❑ | ❑ |

**¡EN ESPAÑOL!** **Repasa la lectura y busca las palabras que corresponden a las siguientes definiciones:**

1. hacer las cosas más tarde
2. otra palabra para "cuarto de una casa"
3. tener miedo
4. lo opuesto de recordar
5. otra palabra para "cocinar"
6. lo que usamos para subir de un piso a otro
7. lugar donde hay muchos libros
8. edificio donde se custodian a los presos
9. cara de una persona
10. pedir perdón

**MÁS DETALLES. Completa las oraciones de acuerdo con las ideas expresadas en el cuento.**

1. El ambición del deán era aprender...
2. Cuando llegó el deán, don Illán dijo que lo primero que tenían que hacer era...
3. El deán le prometió a don Illán que siempre estaría a sus...
4. El deán se enteró que el obispo estaba...
5. Los escuderos anunciaron que el sucesor del puesto de obispo sería...
6. Cada vez que don Illán pedía un puesto, le decían que...
7. La última vez que don Illán le pidió un favor al Papa, le besó...
8. El Papa amenazó a don Illán con...
9. La persona que asó las perdices era...
10. Finalmente, el Papa volvió a ser...

## ¡A ver!

**LAS PROMESAS. El tema principal de este cuento es el cumplimiento de una promesa. En una hoja de papel explica cómo reaccionarías si alguien no cumple lo que te prometió. Si alguna vez tuviste la experiencia, puedes contarla.**

**RECOMENDACIONES. Seguramente tú ya tuviste un trabajo de verano o planeas tenerlo. Piensa en los favores que le pide el brujo al deán y luego contesta lo siguiente en una hoja aparte.**

- ¿Crees que en la vida real es posible obtener mejores trabajos con la recomendación de un amigo? Explica tu respuesta.
- ¿Conoces a alguna persona que le cuesta mucho conseguir un empleo a pesar de ser inteligente y haber estudiado? ¿Cuál crees que es el problema?
- Muchas personas prestan ayuda pero solamente si les dan algo a cambio. Explica si alguna vez aceptaste ese tipo de ayuda o en qué casos la aceptarías.

## ¿Qué piensas?

**Las personalidades.** Los dos protagonistas representan personalidades muy diferentes. Contrasta la personalidad pasiva del brujo con la personalidad dinámica del deán. Prepara un diagrama de Venn y si encuentras algunos aspectos en común, escríbelos en el centro.

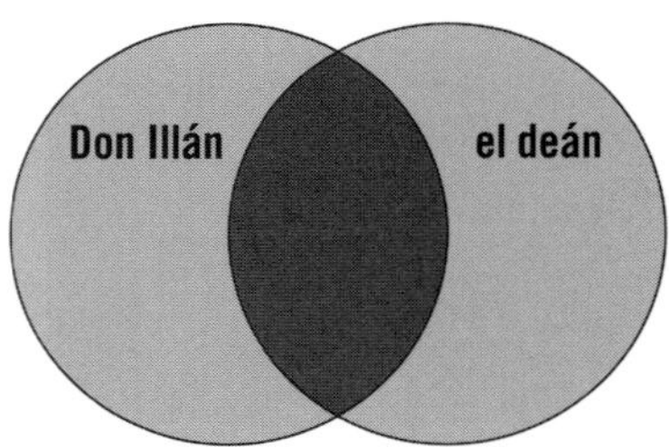

**Opinión.** Con un(a) compañero(a) decidan sobre la ingratitud del Papa. Contesten estas preguntas como guía.

1. ¿Qué le molestó más a don Illán?, ¿el negarle el cardenalato para su hijo o el negarle la comida para su viaje de regreso a casa?
2. ¿Por qué don Illán no le recordó al Papa que él le había enseñado la magia y que debía cumplir su promesa?
3. ¿Creen que don Illán desconfió del deán desde que fue a su casa?
4. En la línea 69 del cuento, Borges define a don Illán como "miserable". ¿Les parece que sí lo era?
5. ¿Tenía el Papa un motivo verdadero para mandar a don Illán a la cárcel? Expliquen.

**Metafísica. En la introducción de "El brujo postergado" aprendiste que es un cuento metafísico. Teniendo en cuenta los elementos que utiliza Borges, contesten las siguientes preguntas en grupos de tres con su punto de vista.**

1. ¿Cuál es el papel de las perdices en el cuento? ¿Qué representan? ¿Cuánto tiempo llevó entre prepararlas y mandarlas a asar?
2. ¿Cómo nos conduce Borges a un escenario sin tiempo? ¿Qué palabras usa Borges para describir la casa de don Illán como un laberinto?
3. ¿En qué momento don Illán le enseñó la magia al deán?
4. ¿Creen que los hombres que trajeron la carta avisando que el obispo estaba enfermo también eran parte de la magia de don Illán? ¿Por qué?
5. ¿Cuál es el elemento mágico que hace que el Papa vuelva a ser deán?
6. ¿Creen que la sirvienta sabía lo que se proponía el brujo al esperar para asar las perdices? ¿Por qué?
7. En la línea 73, el brujo dice algo que aparentemente no tiene relación con lo que estaba pasando con el Papa. ¿Cuál creen que fue la reacción del Papa al escuchar esto?

**Resumen. Ahora tienes que hacer un resumen del cuento. Vuelve a leerlo y selecciona seis líneas que representan claramente la historia. En una tabla como ésta, escribe el número de la línea y lo que ocurre en ese momento.**

| **Resumen del cuento** | |
|---|---|
| **Línea** | **¿Que ocurre?** |
| | |
| | |
| | |
| | |
| | |
| | |

SELECCIÓN 2

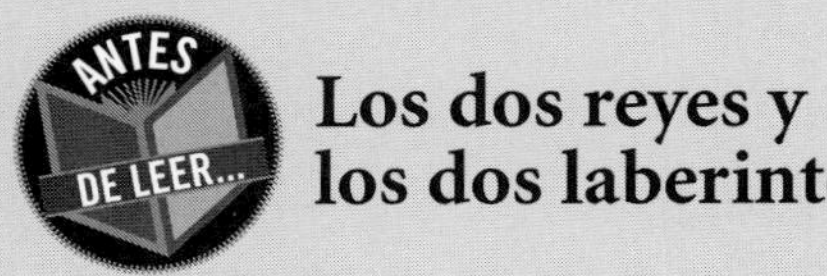


## Los dos reyes y los dos laberintos

### ¿QUÉ SABES TÚ?

**Contesta las siguientes preguntas.**

1. ¿Alguna vez estuviste en un laberinto? ¿Dónde quedaba el laberinto? ¿Pudiste salir sin problemas?
2. ¿Leíste un cuento o una leyenda que te enseñó algo? ¿Cuál? ¿Qué te enseñó?
3. ¿Crees que el contexto donde se desarrolla un cuento es importante para entenderlo mejor? ¿Por qué?

### ¡A VISTA DE PÁJARO!

**Mira rápidamente el cuento y contesta las siguientes preguntas.**

1. ¿De dónde es cada rey?
2. Busca en el cuento las palabras (sustantivos y adjetivos) que Borges usa para describir un laberinto hecho por el hombre. Usa el organizador gráfico.

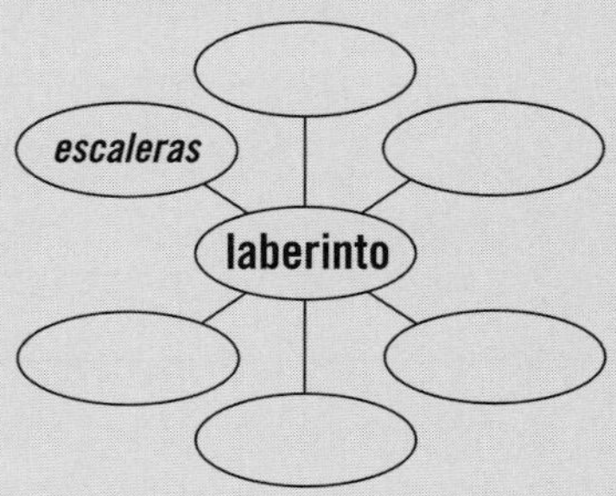




# Los dos reyes y los dos laberintos

JORGE LUIS BORGES

*Borges narra aquí el enfrentamiento entre dos reyes de una manera muy particular. A pesar de ser tan corto, el cuento ofrece numerosas descripciones, suspenso y un final inteligente para resumir el tema principal: la venganza.*

## EL ENCUENTRO DE LOS REYES

Cuentan los hombres dignos de fe (pero Alá sabe más) que en los primeros días hubo un rey de las islas de Babilonia que congregó a sus arquitectos y magos y les mandó construir un laberinto tan perplejo° y sutil que los varones más prudentes no se aventuraban a entrar, y los que entraban se perdían. Esa obra era un escándalo, porque la confusión y la maravilla son operaciones propias de Dios y no de los hombres. Con el andar del tiempo vino a su corte un rey de los árabes, y el rey de Babilonia (para hacer burla de la simplicidad de su huésped) lo hizo penetrar en el laberinto, donde vagó afrentado° y confundido hasta la declinación de la tarde. Entonces imploró socorro divino y dio con la puerta. Sus labios no profirieron° queja ninguna, pero le dijo al rey de Babilonia que él en Arabia tenía un laberinto mejor y que, si Dios era servido, se lo daría a conocer algún día.

perplejo° confused
afrentado° insulted
profirieron° expressed

## LA VENGANZA

Luego regresó a Arabia, juntó sus capitanes y alcaides° y estragó° los reinos de Babilonia con tan venturosa fortuna que derribó castillos, rompió sus gentes e hizo cautivo al mismo rey. Lo amarró encima de un camello veloz y lo llevó al desierto. Cabalgaron tres días, y le dijo: ¡Oh, rey del tiempo y substancia y cifra del siglo!, en Babilonia me quisiste perder en un laberinto de bronce con muchas escaleras, puertas y muros; ahora el Poderoso ha tenido a bien te muestre el mío, donde no hay escaleras que subir, ni puertas que forzar, ni fatigosas galerías que recorrer, ni muros que te veden° el paso.

Luego le desató las ligaduras y lo abandonó en la mitad del desierto, donde murió de hambre y de sed. La gloria sea con Aquel que no muere.

alcaides° wardens
estragó° devastated
veden° prohibits

# Los dos reyes y los dos laberintos

## ¿Comprendiste tú?

**LA OPCIÓN CORRECTA. De acuerdo con la lectura, escoge la opción correcta para completar cada oración.**

1. La gente que cuenta esta historia…
   a. son cuentistas profesionales
   b. es gente muy religiosa
   c. son historiadores árabes
2. El rey de los árabes fue…
   a. traicionado
   b. aplaudido
   c. castigado
3. El rey árabe pudo salir del laberinto cuando…
   a. se dio por vencido
   b. imploró la ayuda de Dios
   c. llamó a sus soldados
4. Al salir del laberinto, le dijo al rey de Babilonia que…
   a. su laberinto era muy divertido
   b. odiaba su laberinto
   c. él tenía uno mejor
5. El rey ofendido, para vengarse…
   a. le pegó al otro rey
   b. lo llevó al desierto
   c. mató sus camellos
6. El rey le mostró a su cautivo que su laberinto era mejor porque…
   a. no tenía paredes pero no había salida
   b. se puede cabalgar en su interior
   c. Arabia tiene mejores arquitectos que Babilonia
7. El rey cautivo no pudo salir del laberinto y…
   a. le pidió ayuda al Poderoso
   b. le pidió perdón a su enemigo
   c. murió abandonado
8. La moraleja de este cuento es que…
   a. hay que apurar los hechos
   b. hay que actuar sin pensar
   c. hay que preparar todo pacientemente

## ¡A ver!

**ERES REY.** **Al verse burlado dentro del laberinto, el rey pudo haber empezado una pelea. Sin embargo esperó el momento apropiado para su venganza. A ti te ocurre una situación similar. ¿Actúas de la misma manera? Da tus razones en una hoja aparte. Luego explica los pro y los contra de la actitud pasiva del rey árabe.**

## ¿Qué piensas?

**EN PAREJA.** **Con un(a) compañero(a) pónganse de acuerdo al contestar las siguientes preguntas. Luego compartan sus respuestas con la clase.**

- ¿Cuál es el contraste que se destaca en este cuento?
- ¿Crees que hay violencia en el cuento? ¿En qué parte?
- ¿El rey de Babilonia sólo quiso hacerle una broma al otro rey?, ¿o había otras razones? ¿Puedes aclarar?
- ¿Por qué crees que el rey de Babilonia fue a Arabia después de lo que le hizo al rey árabe?
- ¿Creen que la diferencia entre los dos laberintos indica algo en particular? ¿Qué?

**LA VENGANZA.** **En grupos de tres piensa en el tema de la venganza y explica los distintos medios que utiliza Borges para crear y aumentar la tensión del cuento. ¿Encuentran algunas palabras que ponen énfasis en los hechos? ¿Cuáles? Según la voz narradora, ¿quién es el Poderoso? ¿Es el Poderoso el testigo de la venganza? Por último, deduzcan por qué el rey de Arabia dejó morir al otro rey en lugar de asustarlo, como hizo con él en Babilonia. Compartan sus respuestas con la clase.**

## SELECCIÓN 1

## Un día de éstos

### ¿QUÉ SABES TÚ?

**Contesta las siguientes preguntas.**

1. ¿Alguna vez tuviste miedo de ir al dentista? ¿Qué pasó?
2. Cuando tienes alguna diferencia de ideas con otra persona, ¿qué haces para lograr un acuerdo?
3. Si en una discusión te das cuenta de que estabas equivocado(a), ¿pides disculpas?
4. ¿Crees que una persona puede lastimar a otra por tener ideas diferentes? ¿En qué casos?

### ¡A VISTA DE PÁJARO!

**Lee las definiciones que siguen. Luego lee rápidamente la selección y busca las palabras que corresponden a esas definiciones. Escribe las palabras en una hoja de papel.**

- la máquina de pulir los dientes
- lugar para escupir
- proceso para quitar el dolor
- la chaqueta militar
- el techo



## CAPÍTULO 8

# Gabriel García Márquez

(1928 -      )

## SOBRE EL AUTOR

Nació en Aracataca, Colombia. Su primera novela fue *La hojarasca* (1955), en la que presenta Macondo, un pueblo imaginario que aparece en la mayoría de sus obras. En 1967 publicó *Cien años de soledad*, una de las mejores obras literarias del siglo XX, y en 1982 ganó el Premio Nóbel de literatura.

# Un día de éstos

*En este cuento el autor explora la tensión y el odio entre dos hombres de pueblo (el alcalde y el dentista) de ideas políticas opuestas. Don Aurelio Escovar (el dentista) debe atender al alcalde, que tiene un terrible dolor de muelas y, a pesar de sus ideas diferentes, no tiene otra alternativa que recurrir al dentista.*

## EL DENTISTA

El lunes amaneció tibio y sin lluvia. Don Aurelio Escovar, dentista sin título y buen madrugador, abrió su gabinete° a las seis. Sacó de la vidriera una dentadura postiza° montada aún en el molde de yeso y puso sobre la mesa un puñado de instrumentos que ordenó de mayor a menor, como en una exposición. Llevaba una camisa a rayas, sin cuello, cerrada arriba con un botón dorado, y los pantalones sostenidos con cargadores° elásticos. Era rígido, enjuto°, con una mirada que raras veces correspondía a la situación, como la mirada de los sordos.

office
denture
suspenders / thin

Cuando tuvo las cosas dispuestas sobre la mesa, rodó la fresa° hacia el sillón de resortes y se sentó a pulir la dentadura postiza. Parecía no pensar en lo que hacía, pero trabajaba con obstinación, pedaleando en la fresa incluso cuando no se servía de ella.

drill

## LA LLEGADA DEL ALCALDE

Después de las ocho hizo una pausa para mirar el cielo por la ventana y vio dos gallinazos° pensativos que se secaban al sol en el caballete de la casa vecina. Siguió trabajando con la idea de que antes del almuerzo volvería a llover. La voz destemplada° de su hijo de once años lo sacó de su abstracción.

vultures

noisy

—Papá.

—Qué.

—Dice el alcalde que si le sacas una muela.

—Dile que no estoy aquí.

Estaba puliendo un diente de oro. Lo retiró a la distancia del brazo y lo examinó con los ojos a medio cerrar. En la salita de espera volvió a gritar su hijo.

—Dice que sí porque te está oyendo.

El dentista siguió examinando el diente. Sólo cuando lo puso en la mesa con los trabajos terminados, dijo:

—Mejor.

## LA AMENAZA

Volvió a operar la fresa. De una cajita de cartón donde guardaba las cosas por hacer, sacó un puente de varias piezas y empezó a pulir el oro.

—Papá.

—Qué.

Aún no había cambiado de expresión.

—Dice que si no le sacas la muela te pega un tiro.

Sin apresurarse, con un movimiento extremadamente tranquilo, dejó de pedalear en la fresa, la retiró del sillón y abrió por completo la gaveta° inferior de la mesa. Allí estaba el revólver.

drawer

—Bueno—dijo—. Dile que venga a pegármelo.

Hizo girar el sillón hasta quedar de frente a la puerta, la mano apoyada en el borde de la gaveta. El alcalde apareció en el umbral°. Se había afeitado la mejilla izquierda, pero en la otra, hinchada y dolorida, tenía una barba de cinco días. El dentista vio en sus ojos marchitos muchas noches de desesperación. Cerró la gaveta con la punta de los dedos y dijo suavemente:

doorstep

—Siéntese.

—Buenos días —dijo el alcalde.

—Buenos —dijo el dentista.

## LA OPERACIÓN

Mientras hervían los instrumentos, el alcalde apoyó el cráneo en el cabezal de la silla y se sintió mejor. Respiraba un olor glacial. Era un gabinete pobre: una vieja silla de madera, la fresa de pedal, y una vidriera con pomos° de loza°. Frente a la silla, una ventana con un cancel° de tela hasta la altura de un hombre. Cuando sintió que el dentista se acercaba, afirmó los talones y abrió la boca.

knobs / ceramic
partition screen

Don Aurelio Escovar le movió la cara hacia la luz. Después de observar la muela dañada, ajustó la mandíbula con una cautelosa presión de los dedos.

—Tiene que ser sin anestesia —dijo.

—¿Por qué?

—Porque tiene un absceso.

El alcalde lo miró en los ojos.

—Está bien —dijo, y trató de sonreír. El dentista no le correspondió. Llevó a la mesa de trabajo la cacerola con los instrumentos hervidos y los sacó del agua con unas pinzas frías sin apresurarse. Después rodó la escupidera° con la punta del zapato y fue a lavarse las manos en el aguamanil°. Hizo todo sin mirar al alcalde. Pero el alcalde no lo perdió de vista.

spittoon
wash basin

Era una cordal inferior. El dentista abrió las piernas y apretó la muela con el gatillo caliente. El alcalde se aferró° a las barras de la silla, descargó toda su fuerza en los pies y sintió un vacío helado en los riñones, pero no soltó un suspiro. El dentista sólo movió la muñeca. Sin rencor°, más bien con una amarga ternura, dijo:

grasped
rancor

—Aquí nos paga veinte muertos, teniente.

El alcalde sintió un crujido de huesos en la mandíbula y sus ojos se llenaron de lágrimas. Pero no suspiró hasta que no sintió salir la muela. Entonces la vio a través de las lágrimas. Le pareció tan extraña a su dolor, que no pudo entender la tortura de sus cinco noches anteriores. Inclinado sobre la escupidera, sudoroso, jadeante°, se desabotonó la guerrera° y buscó a tientas° el pañuelo en el bolsillo del pantalón. El dentista le dio un trapo limpio.

panting / military jacket / grlpingly

—Séquese las lágrimas —dijo.

## LA DESPEDIDA

El alcalde lo hizo. Estaba temblando. Mientras el dentista se lavaba las manos, vio el cielo raso° desfondado° y una telaraña polvorienta con huevos de araña e insectos muertos. El dentista regresó secándose las manos.

ceiling / broken

—Acuéstese —dijo— y haga buches de agua de sal. —El alcalde se puso de pie, se despidió con un displicente° saludo militar y se dirigió a la puerta estirando las piernas, sin abotonarse la guerrera.

unpleasant

—Me pasa la cuenta —dijo.

—¿A usted o al municipio?

El alcalde no lo miró. Cerró la puerta, y dijo, a través de la red metálica:

—Es la misma vaina°.

cosa

## Un día de éstos

### ¿Comprendiste tú?

**LA OPCIÓN CORRECTA. Para ver si entendiste el cuento, completa las siguientes oraciones con la opción correcta.**

1. Aparentemente, el dentista era un hombre...
   a. nervioso
   b. metódico
   c. enojado
   d. malo

2. El niño le avisó a su papá que...
   a. el alcalde le pegó
   b. iba a salir a jugar
   c. el alcalde venía a sacarse una muela
   d. el alcalde venía a darle dinero
3. El dentista no quiere atender al alcalde porque...
   a. no tiene tiempo
   b. no tiene anestesia
   c. tienen un problema personal
   d. el dentista no tiene título
4. El alcalde amenazó al dentista con...
   a. sacarle el título
   b. pegarle un tiro
   c. llevarlo a la cárcel
   d. pegarle al niño
5. El dentista tuvo que sacar la muela sin anestesia porque...
   a. quería hacer sufrir al alcalde
   b. realmente no tenía más anestesia
   c. nunca usaba anestesia
   d. el alcalde les sacó las muelas a otras personas
6. La chaqueta del alcalde indica que...
   a. hacía frío
   b. los alcaldes de Colombia deben ser militares
   c. el gobierno era militar
   d. le daba valor para ir al dentista
7. Después de la operación...
   a. el alcalde amenazó nuevamente al dentista
   b. el dentista se hizo amigo del alcalde
   c. el alcalde le pidió perdón al dentista
   d. las cosas siguieron igual que antes

## ¡A ver!

**Eres dentista.** ¿Crees que don Aurelio Escovar actuó de manera apropiada? En una hoja de papel escribe tu punto de vista y qué harías tú en su lugar. Ten en cuenta que el dentista tuvo varias alternativas, como no atender al alcalde o escaparse. Luego escribe un párrafo explicando en qué casos te negarías tú a ayudar a alguien que alguna vez te hizo algo malo.

## ¿Qué piensas?

**¿Conflicto de personalidades?** Completa el siguiente diagrama con las personalidades de los personajes indicando cómo actúa cada uno en cada parte del cuento. Luego indica si las personalidades son totalmente diferentes o si hay puntos en común.

| ¿Cómo actúa cada uno...? | | |
|---|---|---|
| **el dentista** | | **el alcalde** |
| ____________<br>____________<br>____________ | al comienzo | ____________<br>____________<br>____________ |
| ____________<br>____________<br>____________ | durante la tensión creciente | ____________<br>____________<br>____________ |
| ____________<br>____________<br>____________ | en el punto culminante | ____________<br>____________<br>____________ |
| ____________<br>____________<br>____________ | al final | ____________<br>____________<br>____________ |

**Otros personajes importantes.** **Con un(a) compañero(a) discute el tema de la confianza y la desconfianza. ¿Qué elementos le dan poder al alcalde? ¿Cuáles al dentista? Hagan una lista con algunos símbolos que García Márquez utiliza para describir el poder de cada personaje.**

**Reflexión.** **En una hoja aparte, escribe tu opinión sobre cada una de las siguientes situaciones.**

- el comportamiento del niño al llegar el alcalde
- la tranquilidad del dentista
- la amenaza del alcalde
- la explicación del dentista
- lo último que dice el alcalde

**Análisis literario.** **En grupos de tres contesten las siguientes preguntas. Luego compartan sus respuestas con los otros grupos.**

1. Piensen en el título del cuento. ¿Por qué creen que se titula así? ¿Les da sensación de espera?
2. El dentista y el alcalde no tienen los mismos ideales. ¿Cuál de los dos personajes creen que corre más riesgo? ¿En qué momento?
3. ¿Creen que había alguna posibilidad de encontrar un punto de acuerdo en su relación? ¿Por qué?
4. El dentista nunca perdió la calma. ¿Les parece que lo tenía planeado?
5. ¿Hay algún signo de agradecimiento en el alcalde? ¿Cuál?

SELECCIÓN 2

## La siesta del martes

### ¿QUÉ SABES TÚ?

**Contesta las siguientes preguntas.**

1. ¿Has estado alguna vez en un lugar que tiene veranos muy calurosos?
2. ¿Prefieres vivir en un clima frío o caluroso? Explica las ventajas y desventajas de cada uno.
3. Algunos países no tienen trenes muy modernos y confortables. ¿Te gustaría viajar durante ocho horas sin aire acondicionado? ¿Qué harías para aliviar el calor?

### ¡A VISTA DE PÁJARO!

**Lee rápidamente "La siesta del martes" y contesta las siguientes preguntas.**

1. ¿A qué hora transcurre el cuento?
2. ¿Quiénes son los únicos pasajeros del vagón de tercera clase?
3. ¿Los personajes están tristes o alegres?
4. ¿A dónde van la señora y su hija cuando llegan al pueblo?
5. ¿Hay algún ladrón en el cuento?

# La siesta del martes

GABRIEL GARCÍA MÁRQUEZ

*Ésta es la historia de un viaje en tren de una madre y su hija a un pueblo pequeño y tropical durante el mediodía de un martes. El insoportable calor de la tarde y la hora de la siesta son el escenario de la búsqueda de su hijo.*

## EL RECORRIDO DEL TREN

El tren salió del trepidante° corredor° de rocas bermejas°, penetró en las plantaciones de banano, simétricas e interminables, y el aire se hizo húmedo y no se volvió a sentir la brisa del mar. Una humareda sofocante entró por la ventanilla del vagón. En el estrecho camino paralelo a la vía férrea había carretas de bueyes cargadas de racimos verdes. Al otro lado del camino, en intempestivos° espacios sin sembrar, había oficinas con ventiladores eléctricos, campamentos de ladrillos rojos y residencias con sillas y mesitas blancas en las terrazas entre palmeras y rosales polvorientos. Eran las once de la mañana y aún no había empezado el calor.

shaking / passage / red

inopportune

—Es mejor que subas el vidrio —dijo la mujer—. El pelo se te va a llenar de carbón. La niña trató de hacerlo pero la persiana° estaba bloqueada por el óxido.

Venetian blind

Eran los únicos pasajeros en el escueto° vagón de tercera clase.

simple

Como el humo de la locomotora siguió entrando por la ventanilla, la niña abandonó el puesto y puso en su lugar los únicos objetos que llevaban: una bolsa de material plástico con cosas de comer y un ramo de flores envuelto en papel de periódicos. Se sentó en el asiento opuesto, alejada de la ventanilla, de frente a su madre. Ambas guardaban un luto° riguroso y pobre.

mourning

La niña tenía doce años y era la primera vez que viajaba. La mujer parecía demasiado vieja para ser su madre, a causa de las venas° azules en los párpados° y del cuerpo pequeño, blando y sin formas, en un traje cortado como una sotana°. Viajaba con la columna vertebral firmemente apoyada contra el espaldar° del asiento, sosteniendo en el regazo° con ambas manos una cartera de charol° desconchado°. Tenía la serenidad escrupulosa de la gente acostumbrada a la pobreza.

veins / eyelids

cassock

back

lap

patent leather / cracked

## EL CALOR DEL MEDIODÍA

A las doce había empezado el calor. El tren se detuvo diez minutos en una estación sin pueblo para abastecerse de agua. Afuera, en el misterioso silencio de las plantaciones, la sombra tenía un aspecto limpio. Pero el aire estancado dentro del vagón olía a cuero sin curtir. El tren no volvió a acelerar. Se detuvo en dos pueblos iguales, con casas de madera pintadas de colores vivos. La mujer inclinó la cabeza y se hundió en el sopor. La niña se quitó los zapatos. Después fue a los servicios sanitarios a poner en agua el ramo de flores muertas.

Cuando volvió al asiento la madre la esperaba para comer. Le dio un pedazo de queso, medio bollo° de maíz y una galleta dulce, y sacó para ella de la bolsa de material plástico una ración° igual. Mientras comían, el tren atravesó muy despacio un puente de hierro y pasó de largo por un pueblo igual a los anteriores, sólo que en éste había una multitud° en la plaza. Una banda de músicos tocaba una pieza alegre bajo el sol aplastante°. Al otro lado del pueblo, en una llanura cuarteada° por la aridez, terminaban las plantaciones.

bollo: fritter
ración: portion
multitud: crowd
aplastante: exhausting
cuarteada: cracked

La mujer dejó de comer.

—Ponte los zapatos —dijo.

La niña miró hacia el exterior. No vio nada más que la llanura desierta por donde el tren empezaba a correr de nuevo, pero metió en la bolsa el último pedazo de galleta y se puso rápidamente los zapatos. La mujer le dio la peineta°.

peineta: ornamental comb

—Péinate —dijo.

El tren empezó a pitar° mientras la niña se peinaba. La mujer se secó el sudor del cuello y se limpió la grasa de la cara con los dedos. Cuando la niña acabó de peinarse el tren pasó frente a las primeras casas de un pueblo más grande pero más triste que los anteriores.

pitar: whistle

—Si tienes ganas de hacer algo, hazlo ahora —dijo la mujer—. Después, aunque te estés muriendo de sed no tomes agua en ninguna parte. Sobre todo, no vayas a llorar.

La niña aprobó con la cabeza. Por la ventanilla entraba un viento ardiente y seco, mezclado con el pito de la locomotra y el estrépito° de los viejos vagones. La mujer enrolló la bolsa con el resto de los alimentos y la metió en la cartera. Por un instante, la imagen total del pueblo, en el luminoso martes de agosto, resplandeció en la ventanilla. La niña envolvió las flores en los periódicos empapados, se apartó un poco más de la ventanilla y

estrépito: screech

miró fijamente a su madre. Ella le devolvió una expresión apacible. El tren acabó de pitar y disminuyó la marcha. Un momento después se detuvo.

## EN EL PUEBLO

No había nadie en la estación. Del otro lado de la calle, en la acera sombreada por los almendros, sólo estaba abierto el salón de billar. El pueblo flotaba en el calor. La mujer y la niña descendieron del tren, atravesaron la estación abandonada cuyas baldosas° empezaban a cuartearse por la presión de la hierba, y cruzaron la calle hasta la acera de la sombra.

floor tiles

Eran casi las dos. A esa hora, agobiado por el sopor, el pueblo hacía la siesta.

Los almacenes, las oficinas públicas, la escuela municipal, se cerraban desde las once y no volvían a abrirse hasta un poco antes de las cuatro, cuando pasaba el tren de regreso. Sólo permanecían abiertos el hotel frente a la estación, su cantina° y su salón de billar°, y la oficina del telégrafo° a un lado de la plaza. Las casas, en su mayoría construidas sobre el modelo de la compañía bananera, tenían las puertas cerradas por dentro y las persianas bajas. En algunas hacía tanto calor que sus habitantes almorzaban en el patio. Otros recostaban° un asiento a la sombra de los almendros° y hacían la siesta en plena calle.

dining room
billiard room / telegraph
reclined
almond trees

Buscando siempre la protección de los almendros la mujer y la niña penetraron en el pueblo sin perturbar la siesta. Fueron directamente a la casa cural°. La mujer raspó con la uña la red metálica de la puerta, esperó un instante y volvió a llamar. En el interior zumbaba un ventilador eléctrico. No se oyeron los pasos. Se oyó apenas el leve crujido de una puerta y en seguida una voz cautelosa muy cerca de la red metálica: "¿Quién es?" La mujer trató de ver a través de la red metálica.

del cura

—Necesito al padre —dijo.

—Ahora está durmiendo.

—Es urgente —insistió la mujer.

Su voz tenía una tenacidad reposada. La puerta se entreabrió sin ruido y apareció una mujer madura y regordeta, de cutis° muy pálido y cabellos color de hierro. Los ojos parecían demasiado

complexion

pequeños detrás de los gruesos cristales de los lentes.

—Sigan —dijo, y acabó de abrir la puerta.

Entraron en una casa impregnada de un viejo olor de flores. La mujer de la casa la condujo hasta un escaño° de madera y le hizo señas de que se sentaran. La niña lo hizo, pero la madre permaneció de pie, absorta, con la cartera apretada en las dos manos. No se percibía ningún ruido detrás del ventilador eléctrico.

bench

La mujer de la casa apareció en la puerta del fondo.

—Dice que vuelvan después de las tres —dijo en voz muy baja—. Se acostó hace cinco minutos.

—El tren se va a las tres y media —dijo la mujer.

Fue una réplica breve y segura, pero la voz seguía siendo apacible, con muchos matices. La mujer de la casa sonrió por primera vez.

—Bueno —dijo.

Cuando la puerta del fondo volvió a cerrarse la mujer se sentó junto a su hija. La angosta sala de espera era pobre, ordenada y limpia. Al otro lado de una baranda° de madera que dividía la habitación había una mesa de trabajo, sencilla, con un tapete° de hule°, y encima de la mesa una máquina de escribir primitiva junto a un vaso con flores. Detrás estaban los archivos parroquiales. Se notaba que era un despacho arreglado por una mujer soltera.

railing

table cover / oilcloth

## EL SACERDOTE

La puerta del fondo se abrió y esta vez apareció el sacerdote limpiando los lentes con un pañuelo. Sólo cuando se los puso pareció evidente que era hermano de la mujer que había abierto la puerta.

—¿Qué se le ofrece? —preguntó.

—Las llaves del cementerio —dijo la mujer.

La niña estaba sentada con las flores en el regazo y los pies cruzados bajo el escaño. El sacerdote la miró, después miró a la mujer y después, a través de la red metálica de la ventana, el cielo brillante y sin nubes.

—Con este calor... —dijo—. Han podido esperar a que bajara el sol.

La mujer movió la cabeza en silencio. El sacerdote pasó del otro lado de la baranda, extrajo del armario un cuaderno forrado de hule, un plumero de palo y un tintero, y se sentó a la mesa. El pelo que le faltaba en la cabeza le sobraba en las manos.

—¿Qué tumba van a visitar? —preguntó.

—La de Carlos Centeno. —dijo la mujer.

—¿Quién?

—Carlos Centeno —repitió la mujer.

El padre siguió sin entender.

—Es el ladrón que mataron aquí la semana pasada —dijo la mujer en el mismo tono—. Yo soy su madre.

El sacerdote la escrutó°. Ella lo miró fijamente, con un dominio reposado, y el padre se ruborizó°. Bajó la cabeza para escribir. A medida que llenaba la hoja pedía a la mujer los datos de su identidad, y ella respondía sin vacilación, con detalles precisos, como si estuviera leyendo. El padre empezó a sudar. La niña se desabotonó° la trabilla° del zapato izquierdo, se descalzó el talón y lo apoyó en el contrafuerte°. Hizo lo mismo con el derecho.

scrutinized
blushed
unbuttoned / strap
heel reinforcement

Todo había empezado el lunes de la semana anterior, a las tres de la madrugada y a pocas cuadras de allí. La señora Rebeca, una viuda solitaria que vivía en una casa llena de cachivaches°, sintió a través del rumor de la llovizna que alguien trataba de forzar desde afuera la puerta de la calle. Se levantó, buscó a tientas en el ropero un revólver arcaico que nadie había disparado desde los tiempos del coronel Aureliano Buendía, y fue a la sala sin encender las luces. Orientándose no tanto por el ruido de la cerradura como por un terror desarrollado en ella por 28 años de soledad, localizó en la imaginación no sólo el sitio donde estaba la puerta sino la altura exacta de la cerradura. Agarró el arma con las dos manos, cerró los ojos y apretó el gatillo°. Era la primera vez en su vida que disparaba un revólver. Inmediatamente después de la detonación no sintió nada más que el murmullo de la llovizna en el techo de cinc°. Después percibió un golpecito metálico en el andén de cemento y una voz muy baja, apacible,

odds and ends
trigger
zinc

pero terriblemente fatigada: “Ay , mi madre”. El hombre que amaneció muerto frente a la casa, con la nariz despedazada, vestía una franela° a rayas de colores, un pantalón ordinario con una soga° en lugar de cinturón, y estaba descalzo. Nadie lo conocía en el pueblo.

franela° flannel
soga° rope

—De manera que se llamaba Carlos Centeno —murmuró el padre cuando acabó de escribir.

—Centeno Ayala —dijo la mujer—. Era el único varón.

(...)

## La siesta del martes

### ¿Comprendiste tú?

**La opción correcta. Según la lectura, completa las siguientes frases con la opción correcta.**

1. La descripción del viaje del tren indica que...
   a. va de la costa al interior
   b. va a la plantaciones de banano
   c. va a los campamentos
   d. va a las montañas
2. La niña no pudo cerrar la ventanilla del tren porque...
   a. no había vidrio
   b. tenía mucho óxido
   c. no tenía la fuerza para hacerla subir
   d. el tren era de tercera clase
3. El tren hizo una parada en una estación sin pueblo para...
   a. reparar las ventanilla
   b. arreglar la locomotora
   c. obtener agua
   d. recoger más gente

4. La mujer llevaba en la cartera...
   a. los zapatos de su hija
   b. una bolsa con alimentos
   c. la llave del cementerio
   d. el periódico del día
5. El viaje de la madre y su hija en tren...
   a. es ocasional
   b. es por una razón específica
   c. es para distraerse
   d. es para perseguir a un ladrón
6. La descripción del pueblo indica...
   a. tristeza
   b. descanso
   c. trabajo
   d. nerviosismo
7. Lo que estaba abierto en el pueblo era...
   a. la escuela
   b. las oficinas públicas
   c. el hotel
   d. el almacén
8. La única persona que podía ayudar a la señora y a su hija era...
   a. el guarda del tren
   b. la hermana del sacerdote
   c. el sacerdote
   d. la gente del pueblo

## ¡A ver!

**ESTUDIANDO A LAS PERSONAS.** Cuando las protagonistas del cuento llegan al pueblo no hay nadie que las ayude. Al llegar a la iglesia, la señora les dice que el sacerdote no las puede atender. En una hoja de papel explica si es necesario que las personas actúen de esa manera y si esto afecta en algo a la señora y a su hija. Explica qué harías tú en el lugar de la señora.

## ¿Qué piensas?

**EL CLIMA.** Con una compañero(a) busca en el cuento cinco frases que se refieren a la temperatura de la zona. Escríbanlas en una hoja aparte y luego expliquen si el clima le da un escenario especial al cuento. ¿Creen que si la historia ocurre en un clima frío y en la ciudad será lo mismo? Luego compartan sus comentarios con la clase.

**EL SONIDO.** En "La siesta del martes" Gabriel García Márquez usa una gran cantidad de imágenes para transmitirle al lector la sensación de ruido. A continuación vas a leer algunas de esas imágenes. En una hoja de papel escribe una oración nueva utilizando las mismas frases.

1. el tren empezó a pitar
2. raspó con la uña la red metálica
3. una banda de músicos tocaba una pieza alegre
4. el estrépito de los viejos vagones
5. el misterioso silencio de las plantaciones
6. zumbaba un ventilador eléctrico
7. el leve crujido de una puerta
8. una voz cautelosa

**Análisis en grupo.** **En grupos de tres analicen las siguientes situaciones del cuento. Pónganse de acuerdo en una conclusión y expliquen a la clase su punto de vista.**

- ¿Era necesario viajar en esas condiciones para ir al cementerio?
- ¿Por qué Carlos Centeno fue a ese pueblo tan lejos de su casa?
- ¿Por qué la señora le dijo a la niña que no llore?
- ¿Creen que la mujer tenía un carácter débil?
- ¿Creen que la gente del pueblo estaba acostumbrada a los robos?
- ¿Cuál era la importancia de ir al cementerio?

**Ensayo.** **Escribe un ensayo sobre los problemas sociales que tú ves en el cuento. ¿En qué partes ves pobreza? ¿Hay algún elemento moderno en el cuento? ¿Crees que Carlos Centeno era un muchacho sin educación? Explica lo más detalladamente posible.**

# SELECCIÓN 1

## La casa de los espíritus

### ¿QUÉ SABES TÚ?

**Hay familias que no tienen mascotas para no ensuciar sus casas. Escoge tres animales diferentes que te gustaría tener como mascotas y escribe en una hoja de papel los cuidados que tendrías para no arruinar tu casa.**

### ¡A VISTA DE PÁJARO!

**Mira rápidamente la lectura y encuentra...**

1. los personajes principales de esta selección
2. dónde tienen lugar los hechos

**Después decide...**

3. ¿Cuál es el tema de este trozo literario?
   a. Una niña enferma
   b. La amistad entre una niña y su perro
   c. Un padre muy estricto
4. ¿Qué clase de perro es Barrabás?
   a. Es un animal de raza
   b. Es un perro huérfano
   c. Es un perro muy viejo



# CAPÍTULO 9

# Isabel Allende

(1938- )

## SOBRE EL AUTOR

Isabel Allende nació en Perú y cuando era muy pequeña su familia se trasladó a Chile. Sus obras se caracterizan por la crudeza de sus experiencias personales y por los testimonios de historia latinoamericana.

Entre sus obras más conocidas están *La casa de los espíritus* (1982), *Cuentos de Eva Luna* (1989) y *Paula* (1994), la novela inspirada en la pérdida de su hija.

# La casa de los espíritus

*Esta novela narra la historia de varias generaciones de la familia Trueba, una familia chilena en donde los personajes femeninos son símbolos de reforma. En esta selección, el tío Marcos, hombre elocuente admirado por Clara, ha muerto durante su viaje a países exóticos. Entre las pertenencias del tío llega Barrabás, un perrito del que Clara no se quiere separar, a pesar de los comentarios de su padre.*

## LA ADOPCIÓN

Para Clara ése habría sido uno de los momentos más dolorosos de su vida, si Barrabás no hubiera llegado mezclado con los bártulos° de su tío. Ignorando la perturbación que reinaba en el patio, su instinto la condujo directamente al rincón donde estaba la jaula. Adentro estaba Barrabás. Era un montón de huesitos cubiertos con un pelaje de color indefinido, lleno de peladuras infectadas, un ojo cerrado y el otro supurando legañas°, inmóvil como un cadáver en su propia porquería. A pesar de su apariencia, la niña no tuvo dificultad en identificarlo.

—¡Un perrito! —chilló.

Se hizo cargo del animal. Lo sacó de la jaula, lo acunó en su pecho y con cuidado de misionera consiguió darle agua en el hocico hinchado° y reseco.

bártulos: goods
legañas: sleeps
hocico hinchado: swollen muzzle

(...)

Clara se convirtió en una madre para el animal, sin que nadie le disputara ese dudoso privilegio, y consiguió reanimarlo. Un par de días más tarde, su padre Severo le preguntó:

(...)

—¿Qué es eso?

—Barrabás —dijo Clara.

—Entrégueselo al jardinero, para que se deshaga° de él. Puede contagiarnos alguna enfermedad —ordenó Severo.

deshaga°: gets rid of

Pero Clara lo había adoptado.

—Es mío, papá. Si me lo quita, le juro que dejo de respirar y me muero.

## LAS TRAVESURAS DE BARRABÁS

Se quedó en la casa. Al poco tiempo corría por todas partes devorando los flecos° de las cortinas, las alfombras y las patas de los muebles. Se recuperó de su agonía con gran rapidez y empezó a crecer. Al bañarlo se supo que era negro, de cabeza cuadrada, patas muy largas y pelo corto. La Nana sugirió mocharle° la cola para que pareciera perro fino, pero Clara agarró un berrinche° que degeneró° en un ataque de asma y nadie volvió a mencionar el asunto. Barrabás se quedó con la cola entera y con el tiempo ésta llegó a tener el largo de un palo de golf, provista de movimientos incontrolables que barrían° las porcelanas de las mesas y volcaban las lámparas.

flecos°: frayed-border
mocharle°: to cut
berrinche°: rage
degeneró°: became
barrían°: swept

Era de raza desconocida. No tenía nada en común con los perros que vagabundeaban° por la calle y mucho menos con las criaturas de pura raza que criaban algunas familias aristocráticas. El veterinario no supo decir cuál era su origen y Clara supuso que provenía de la China, porque gran parte del contenido del equipaje de su tío eran recuerdos de ese lejano país.

vagabundeaban°: roamed

Tenía una ilimitada capacidad de crecimiento. A los seis meses era del tamaño de una oveja y al año de las proporciones de un potrillo°. La familia, desesperada, se preguntaba hasta dónde crecería y comenzaron a dudar de que fuera realmente un perro, especularon que podía tratarse de un animal exótico cazado por el tío explorador en alguna región remota del mundo y que tal vez en su estado primitivo era feroz.

potrillo°: colt

(...)

Pero Barrabás no daba muestras de ninguna ferocidad, por el contrario. Tenía los retozos° de un gatito. Dormía abrazado a Clara, dentro de su cama, con la cabeza en el almohadón de plumas y tapado hasta el cuello porque era friolento°, pero después, cuando ya no cabía en la cama se tendía en el suelo a su lado, con su hocico de caballo apoyado en la mano de la niña. Nunca se lo vio ladrar ni gruñir°. Era negro y silencioso como una pantera, le gustaban el jamón y las frutas confitadas y cada vez que había visitas y olvidaban encerrarlo, entraba al comedor y daba una vuelta a la mesa retirando con delicadeza sus bocadillos preferidos de los platos sin que ninguno de los comensales° se atreviera a impedírselo.

romps
susceptible to the cold
growl
guest

A pesar de su mansedumbre° de doncella, Barrabás inspiraba terror. Los proveedores huían precipitadamente cuando se asomaba a la calle y en una oportunidad su presencia provocó pánico entre las mujeres que hacían fila frente al carretón que repartía la leche, espantando° al percherón° de tiro que salió disparado° en medio de un estropicio de cubos de leche desparramados en el empedrado°. Severo tuvo que pagar todos los destrozos y ordenó que el perro fuera amarrado en el patio, pero Clara tuvo otra de sus pataletas y la decisión fue aplazada por tiempo indefinido.

docility
scaring / horse
ran away
cobblestone

(...)

# La casa de los espíritus

## ¿Comprendiste tú?

**La opción correcta. Escoge la opción que completa correctamente las siguientes frases.**

1. El dolor de Clara se debe...
   a. a la llegada del perro Barrabás
   b. a la muerte de su tío
   c. al comentario de su papá
   d. al comportamiento de Barrabás
2. Barrabás llegó en una jaula porque...
   a. lo habían enviado como regalo
   b. querían esconderlo hasta llegar a casa
   c. era parte de un equipaje
   d. estaba enfermo
3. Clara se encargó de cuidar a Barrabás inmediatamente porque...
   a. fue el último deseo de su tío
   b. es cuidadora de perros
   c. su padre siempre quiso tener un perro
   d. llegó muy enfermo
4. El papá de Clara quiere deshacerse de Barrabás porque...
   a. contagia al jardinero
   b. está sucio
   c. no parece saludable
   d. respira mucho
5. El perro devoraba todo lo de la casa porque...
   a. las cortinas tenían flecos
   b. las alfombras eran viejas
   c. el animal era muy joven
   d. tenía mucha hambre
6. Según la Nana, Barrabás puede parecer un perro fino si le cortan...
   a. la cola
   b. las orejas
   c. el pelo
   d. las uñas
7. El papá no puede quitarle el perro a Clara porque tiene miedo de que...
   a. el perro se muera
   b. a Clara le dé un ataque de asma
   c. el tío se enoje
   d. su hija se vaya de la casa

8. Barrabás dormía con Clara para protegerse...
   a. del padre
   b. del asma
   c. del jardinero
   d. del frío
9. Cuando Barrabás hacía alguna travesura, Clara...
   a. se enojaba y lo retaba
   b. lo defendía
   c. creía que era mejor hablar con la Nana
   d. pagaba los gastos
10. Cuando Barrabás provocó un desastre en la calle, los que sufrieron fueron...
   a. Clara y Barrabás
   b. Severo y los invitados
   c. El lechero y Severo
   d. Barrabás y Severo

**¡En español! Busca en la lectura el equivalente de las siguientes frases.**

1. esquina de un lugar
2. pelo de animal
3. que no se puede mover
4. muerto
5. tela para cubrir las ventanas
6. enojo
7. médico de los perros
8. maletas
9. cortar
10. amarrar

## ¡A ver!

**Ensayo. Hay una dicho muy popular que dice "El perro es el mejor amigo del hombre". Escribe un ensayo bien organizado usando ejemplos específicos de la amistad que existe entre una persona y un perro. Usa las siguientes preguntas como modelo de organización.**

- ¿En qué momento de tu vida puede empezar una amistad con un perro?
- ¿Tiene algo que ver la edad de la persona? ¿Por qué?
- ¿Cuánto tiempo puede durar esa amistad?
- ¿Crees que a pesar de ser amigo del perro, es necesario ser severo y estricto algunas veces? ¿Cuándo?
- ¿Regalarías a tu perro luego de haberlo criado? ¿Por qué y en qué situación?

## ¿Qué piensas?

**DESCRIPCIONES. En esta selección literaria hay muchas figuras del lenguaje o descripciones. Lee las siguientes descripciones y escoge la referencia apropiada. Anota la respuesta.**

| Descripciones | Se refiere a que... |
|---|---|
| 1. un montón de huesitos | a. había crecido |
| 2. como un cadáver en su propia porquería | b. una cola de perro |
| 3. un palo de golf provista de movimientos incontrolables | c. raza difícil de conocer |
| 4. un animal exótico cazado en una región remota del mundo | d. estar muy flaco |
| 5. se convirtió en una madre | e. hicieron mucho ruido |
| 6. tenía los retozos de un gatito | f. antes estaba muy sucio |
| 7. un estropicio de cubos de leche | g. se enojó |
| 8. cuando ya no cabía en la cama | h. sucio y sin moverse |
| 9. se supo que era negro | i. era juguetón |
| 10. tuvo otra de sus pataletas | j. lo cuidaba mucho |

**INTERPRETACIÓN. En una hoja de papel contesta las siguientes preguntas según tu interpretación de la lectura.**

1. ¿Cómo explicas la emoción que siente Clara al ver al perrito? ¿Crees que está asociada directamente con la muerte de su tío?
2. ¿Qué puede significar la llegada del perro para Clara?
3. ¿Cuáles son los elementos de fantasía y de realidad que hacen que Clara crea que su perro proviene de la China? ¿Demuestra esto algún sentimiento especial hacia el tío? ¿Por qué?
4. ¿Analiza los símbolos que usa la autora —la oveja, el potrillo, el gatito, la pantera— ¿Qué describe con cada uno de ellos?
5. ¿Cuál es la relación entre Clara y su papá? ¿Es Clara su hija favorita? ¿Quiere el papá complacer los deseos de su hija porque sabe que es una niña enferma? ¿Crees que Clara se aprovecha de su situación? Explica tus razones.

**En pareja.** **Con un(a) compañero(a) anota en la tabla los cambios que tiene Barrabás desde que llega a la casa de Clara. Luego decidan si Clara tuvo algún cambio desde que llegó Barrabás. Expliquen su decisión a la clase.**

| Cambios físicos de Barrabás | Cambios de conducta de Barrabás |
|---|---|
| 1. | 1. |
| 2. | 2. |
| 3. | 3. |
| 4. | 4. |
| 5. | 5. |

**El lugar.** **Toda la escena ocurre en la casa o en sus alrededores. Ten presente que la novela se llama *La casa de los espíritus.* Escribe un ensayo con tu opinión sobre lo siguiente:**

- ¿Un solo lugar es suficiente para narrar una novela?
- ¿Cuánta importancia puede tener la casa en esta novela?
- ¿Por qué la autora no eligió otro sitio para narrar la misma situación?
- ¿Crees que la palabra "casa" se asocia más con la familia que con la soledad? Da ejemplos.

SELECCIÓN 1

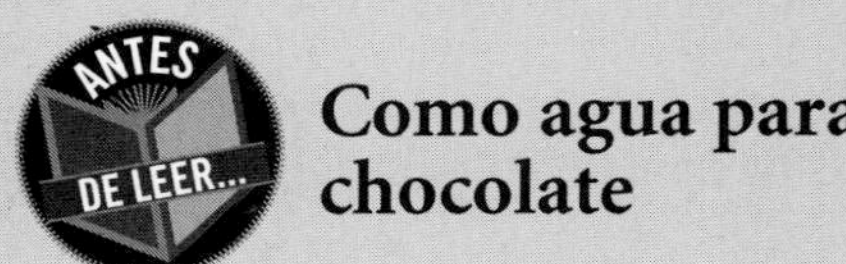


## Como agua para chocolate

### ¿QUÉ SABES TÚ?

**Antes de pasar a la lectura, completa el cuadro y contesta las preguntas.**

1. Muchas películas están basadas en novelas. Duplica el siguiente cuadro y complétalo con dos películas que has visto y que han sido novelas anteriormente.

| Película | Leí la novela | |
|---|---|---|
| | Sí | No |
| 1. | | |
| 2. | | |

2. ¿Crees en la medicina casera? Si crees, ¿en qué casos?
3. ¿Te gusta preparar comidas siguiendo la receta de un libro de cocina? ¿Sigues la receta exactamente o haces algunos cambios? ¿Cuáles?

### ¡A VISTA DE PÁJARO!

**Lee *Como agua para chocolate* hasta la línea 75 y contesta estas preguntas:**

1. ¿Quién prepara la masa para hacer fósforos?
2. ¿En dónde están los personajes?
3. ¿Hay alguien más en la casa?



CAPÍTULO 10

# Laura Esquivel

(1950 - )

## SOBRE EL AUTOR

Laura Esquivel nació en México en 1950. Empezó su carrera de escritora como guionista de películas *(script writer)* y recibió el premio "Ariel" por la película *Chido One.* En 1989 publicó la novela *Como agua para chocolate,* que adquirió mucha popularidad tanto en Hispanoamérica como en los Estados Unidos. En 1992, la película basada en la novela logró un éxito total.

# Como agua para chocolate

*Laura Esquivel presenta esta novela con un subtítulo: "Novela de entregas mensuales con recetas, amores y remedios caseros". La comida, los sentimientos y algunas recetas medicinales forman el cuadro que describe el amor apasionado de Tita de la Garza. En este capítulo, Tita ha tenido una crisis nerviosa y está recuperándose en la casa del doctor Brown, un amigo de la familia.*

**MASA PARA HACER FÓSFOROS**

Ingredientes:
1 onza de nitro en polvo
1/2 onza de minio
1/2 onza de goma arábiga en polvo
1 dracma° de fósforo — dram
azafrán
cartón

LA RECETA

Manera de hacerse: Disuélvase° la goma arábiga en agua caliente hasta que se haga una masa no muy espesa; estando preparada se le une el fósforo y se disuelve en ella, al igual que el nitro. Se le pone después el minio suficiente para darle color.

disolve

Tita observaba al doctor Brown realizar estas acciones en silencio.

Estaba sentada junto a la ventana de un pequeño laboratorio que el doctor tenía en la parte trasera del patio de su casa. La luz que se filtraba por la ventana le daba en la espalda y le proporcionaba una pequeña sensación de calor, tan sutil que era casi imperceptible. Su frío crónico no le permitía calentarse, a pesar de estar cubierta con su pesada colcha de lana°. Por uno de sus extremos continuaba tejiéndola° por las noches, con un estambre° que John le había comprado.

wool blanket
knitting
yarn

De toda la casa, ése era el lugar preferido de ambos. Tita lo había descubierto a la semana de haber llegado a la casa del doctor John Brown. Pues John, contra de lo que la Mamá Elena le había pedido, en lugar de depositarla en un manicomio° la llevó a vivir con él. Tita nunca dejaría de agradecérselo. Tal vez en un manicomio hubiera terminado realmente loca. En cambio, aquí, con las cálidas palabras y las actitudes de John para con ella se sentía cada día mejor. Como en sus sueños recordaba su llegada a la casa.

insane asylum

(...)

## EL COMPORTAMIENTO DE TITA

Esas manos la habían rescatado del horror y nunca lo olvidaría.

Algún día, cuando tuviera ganas de hablar le gustaría hacérselo saber a John; por ahora prefería el silencio. Tenía muchas cosas que ordenar en su mente y no encontraba palabras para expresar lo que estaba cocinando en su interior desde que dejó el rancho. Se sentía muy desconcertada. Los primeros días inclusive no quería salir del cuarto, ahí le llevaba sus alimentos Caty, una señora norteamericana de 70 años, que aparte de encargarse de la cocina tenía la misión de cuidar de Alex, el pequeño hijo del doctor. La madre de éste se había muerto cuando él nació. Tita escuchaba a Alex reír y corretear° por el patio, sin ánimos de conocerlo.

jugar

A veces Tita ni siquiera probaba la comida, era una comida ínsipida que le desagradaba. En lugar de comer, prefería pasarse horas enteras viéndose las manos. Como un bebé, las analizaba y las reconocía como propias. Las podía mover a su antojo°, pero aún no sabía qué hacer con ellas, aparte de tejer°. Nunca había tenido tiempo de detenerse a pensar en estas cosas. Al lado de su madre, lo que sus manos tenían que hacer estaba fríamente determinado, no había dudas. Tenía que levantarse, vestirse, prender el fuego en la estufa, preparar el desayuno, alimentar a los animales, lavar los trastes°, hacer las camas, preparar las comidas, planchar la ropa, preparar la cena, lavar los trastes, día tras día, año tras año. Sin detenerse un momento, sin pensar si eso era lo que le correspondía. Al verlas ahora libres de las órdenes de su madre no sabía qué pedirles que hicieran, nuncas lo había decidido por sí misma. Podían hacer cualquier cosa o convertirse en cualquier cosa. ¡Si pudieran transformarse en aves° y elevarse volando! Le gustaría que la llevaran lejos, lo más lejos posible. Acercándose a la ventana que daba al patio, elevó sus manos al cielo, quería huir de sí misma, no quería pensar en tomar una determinación, no quería volver a hablar. No quería que sus palabras gritaran su dolor.

antojo: at her will
tejer: besides knitting
trastes: pots and pans
aves: pájaros

(...)

## EL EXPERIMENTO

Tita gozaba° enormemente el verlo trabajar. Con él siempre había cosas que aprender y descubrir, como ahora, que mientras preparaba los cerillos le estaba dando toda una cátedra sobre el fósforo y sus propiedades.

gozaba: enjoyed

(...)

Mientras se secaban las tiras, el doctor le mostró un experimento a Tita.

—Aunque el fósforo no hace combustión en el oxígeno a la temperatura ordinaria, es susceptible de arder con rapidez a una temperatura elevada, mire...

El doctor introdujo un pequeño pedazo de fósforo bajo un tubo cerrado por uno de sus extremos y lleno de mercurio. Hizo fundir el fósforo acercando el tubo a la llama de una vela°. Después de por medio de una pequeña campana de ensayos llena de gas oxígeno hizo pasar el gas a la campana muy poco a poco. En cuanto el gas oxígeno llegó a la parte superior de la campana,

la llama de una vela: flame of a candle

donde se encontrba el fósforo fundido, se produjo una combustión viva e instantánea, que los deslumbró como si fuese un relámpago°.

lightning

—Como ve, todos tenemos en nuestro interior los elementos necesarios para producir fósforo. Es más, déjeme decirle algo que a nadie le he confiado. Mi abuela tenía una teoría muy interesante, decía que si bien todos nacemos con una caja de cerillos en nuestro interior, no los podemos encender° solos, necesitamos, como en el experimento, oxígeno y la ayuda de una vela. Sólo que en este caso el oxígeno tiene que provenir, por ejemplo, del aliento° de la persona amada; la vela puede ser cualquier tipo de alimento, música, caricia, palabra o sonido que haga disparar el detonador y así encender uno de los cerillos. Por un momento nos sentiremos deslumbrados por una intensa emoción. Se producirá en nuestro interior un agradable calor que irá desapareciendo poco a poco conforme pase el tiempo, hasta que venga una nueva explosión a reavivarlo. Cada persona tiene que descubrir cuáles son sus detonadores para poder vivir, pues la combustión que se produce al encendersse uno de ellos es lo que nutre de energía el alma. En otras palabras, esta combustión es su alimento. Si uno no descubre a tiempo cuáles son sus propios detonadores, la caja de cerillos se humedece° y ya nunca podremos encender un solo fósforo.

to turn on, to light

breath

it gets damp

Si eso llega a pasar el alma huye de nuestro cuerpo, camina errante por las tinieblas más profundas tratando vanamente de encontrar alimento por sí misma, ignorante de que sólo el cuerpo que ha dejado inerme, lleno de frío, es el único que podría dárselo.

¡Qué ciertas eran estas palabras! Si alguien lo sabía era ella.

Desgraciadamente, tenía que reconocer que sus cerillos estaban llenos de moho° y humedad. Nadie podría volver a encender uno solo.

mildew

## LOS CONSEJOS

Lo más lamentable era que ella sí conocía cuáles eran sus detonadores, pero cada vez que había logrado encender un fósforo se lo habían apagado inexorablemente.

John, como leyéndole el pensamiento, comentó:

—Por eso hay que permanecer alejados de personas que tengan un aliento gélido°. Su sola presencia podría apagar el fuego más intenso, con los resultados que ya conocemos. Mientras más distancias tomemos de estas personas, será más fácil protegernos de su soplo.

gélido: ice cold

Tomando una mano de Tita entre las suyas, fácil añadió:

—Hay muchas maneras de poner a secar una caja de cerillos húmeda, pero puede estar segura de que tiene remedio.

Tita dejó que unas lágrimas se deslizaran por su rostro. Con dulzura John se las secó con su pañuelo.

—Claro que también hay que poner mucho cuidado en ir encendiendo los cerillos uno a uno. Porque si por una emoción muy fuerte se llegan a encender todos de un solo golpe producen un resplandor tan fuerte que ilumina más allá de lo que podemos ver normalmente y entonces ante nuestros ojos aparece un túnel esplendoroso que nos muestra el camino que olvidamos al nacer y que nos llama a reencontrar nuestro perdido origen divino. El alma desea reintegrarse al lugar de donde proviene, dejando al cuerpo inerte... Desde que mi abuela murió he tratado de demostrar científicamente esta teoría. Tal vez algún día lo logre. ¿Usted qué opina?

El doctor Brown guardó silencio, para darle tiempo a Tita de comentar algo si así lo deseaba. Pero su silencio era como de piedra.

## LA PROPUESTA

—Bueno, no quiero aburrirla con mi plática. Vamos a descansar, pero antes de irnos quisiera enseñarle un juego que mi abuela y yo practicábamos con frecuencia. Aquí pasábamos la mayor parte del día y entre juego me transmitió todos sus conocimientos.

Ella era una mujer muy callada, así como usted. Se sentaba frente a esa estufa, con su gran trenza cruzada sobre la cabeza, y solía adivinar lo que yo pensaba. Yo quería aprender a hacerlo, así que después de mucho insistirle me dio la primera lección. Ella escribía utilizando una sustancia invisible, y sin que la viera, una frase en la pared. Cuando por la noche yo veía la pared, adivinaba lo que ella había escrito. ¿Quiere que hagamos la prueba?

Con esta información Tita se enteró de que la mujer con la que tantas veces había estado era la difunta° abuela de John. Ya no tenía que preguntarlo.

deceased

El doctor tomó con un lienzo un pedazo de fósforo y se lo dio a Tita.

—No quiero romper la ley del silencio que se ha impuesto, así que como un secreto entre los dos, le voy a pedir que en cuanto yo salga usted me escriba en esta pared las razones por las que no habla, ¿de acuerdo? Mañana yo las adivinaré ante usted.

El doctor, por supuesto, omitió decirle a Tita que una de las propiedades del fósforo era la de hacer brillar por la noche lo que ella hubiera escrito en la pared. Obviamente él no necesitaba de este subterfugio para conocer lo que ella pensaba, pero confiaba en que éste sería un buen comienzo para que Tita entablara nuevamente una comunicación consciente con el mundo, aunque ésta fuera por escrito. John percibía que ya estaba lista para ello. En cuanto el doctor salió, Tita tomó el fósforo y se acercó al muro.

## EL RESULTADO

En la noche, cuando John entró en el laboratorio, sonrió complacido al ver escrito en la pared con letras firmes y fosforecentes "Porque no quiero". Tita con estas tres palabras había dado el primer paso hacia la libertad.

Mientras tanto, Tita, con los ojos fijos en el techo°, no podía dejar de pensar en las palabras de John: ¿sería posible hacer vibrar su alma nuevamente? Deseó con todo su ser que así fuera.

ceiling

Tenía que encontrar a alguien que lograra° encenderle este anhelo°.

would be capable

desire

¿Y si esa persona fuera John? Recordaba la placentera sensación que le recorrió el cuerpo cuando él la tomó de la mano en el laboratorio. No. No lo sabía. De lo único que estaba convencida es de que no quería volver al rancho. No quería vivir cerca de Mamá Elena nunca más.

# Como agua para chocolate

## ¿Comprendiste tú?

**¿CIERTO O FALSO? Indica si las siguientes oraciones son ciertas ciertas o falsas. Si son falsas explica por qué en una hoja de papel.**

| | CIERTO | FALSO |
|---|---|---|
| 1. Tita siempre siente frío. | ❑ | ❑ |
| 2. El lugar preferido de Tita es el jardín de la casa de John. | ❑ | ❑ |
| 3. Tita recuerda muy bien su llegada a la casa. | ❑ | ❑ |
| 4. Caty es una señora mexicana que le lleva los alimentos a Tita. | ❑ | ❑ |
| 5. Tita descansaba mucho cuando vivía con su mamá. | ❑ | ❑ |
| 6. Según su mamá, Tita está loca. | ❑ | ❑ |
| 7. John le mostró un experimento con fósforos a Tita. | ❑ | ❑ |
| 8. John tiene buenos recuerdos de su abuela. | ❑ | ❑ |
| 9. A John no le importa que Tita no hable. | ❑ | ❑ |
| 10. El experimento con fósforos hizo que Tita se comunicara. | ❑ | ❑ |

**CAUSA Y EFECTO. Los hechos de este capítulo tienen una causa. Lee las dos listas siguientes e indica el efecto apropiado de cada causa.**

### Causas

1. El doctor Brown decidió no llevarla al manicomio.
2. Tita estaba libre de las órdenes de mamá Elena.
3. La madre del hijo de John se había muerto cuando nació el bebé.
4. John le dio un fósforo.

### Efectos

a. Caty tenía que cuidar al hijo del doctor.
b. Tita no sabía qué hacer con sus manos.
c. Escribió en letras firmes y fosforescentes: "porque no quiero".
d. Se sentía cada día mejor y le agradecía por estar en su casa.

## ¡A ver!

Actividad 3

**DIAGRAMA DE VENN.** Con un(a) compañero(a) lee nuevamente la selección y busca las actividades que hace Tita en su casa y las que hace en la casa del doctor. En un diagrama de Venn, escribe las que tú crees que hace por obligación y las que hace por placer. Si crees que alguna actividad es por ambos motivos, escríbela en el centro.

Las actividades de Tita

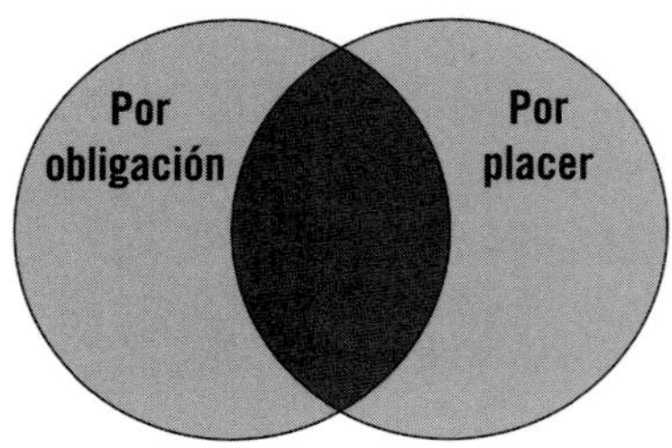


Ahora decide si Tita, con sus pensamientos, le dice al lector que está cansada de trabajar tanto o que su vida es tan rutinaria que ya no es vida. Explica tu opinión en una hoja aparte.

## ¿Qué piensas?

Actividad 4

**INFERENCIAS.** Inferir significa hacer deducciones. Al leer la selección notaste muchos detalles que te ayudaron a descubrir el significado de cosas que no estaban explícitas. En este capítulo John le dice a Tita: "Hay que permanecer alejados de personas que tengan un aliento gélido". Escribe una composición explicando lo siguiente:

- ¿A quiénes se refiere John?
- ¿Qué infiere al hablar del aliento gélido?
- Tu experiencia con personas de esa clase. ¿Conoces a muchas? ¿Qué haces para que no te afecten?
- ¿Crees que es posible cambiar la personalidad de esas personas? ¿Cómo?

**OTROS SÍMBOLOS. En grupos de tres, contesten las siguientes preguntas para ver si comprendieron el significado de los símbolos de esta selección.**

Según la abuela de John, la llama producida por las emociones nos mantiene vivos.

- ¿Qué simboliza la caja de cerillos?
- ¿Qué papel tiene el oxígeno en un fósforo y en la vida humana?
- ¿Qué característica de Tita contrasta notoriamente con el fósforo?
- ¿Qué elemento común tienen una caja de cerillos húmeda y una persona triste?

**CARACTERES DIFERENTES. Escribe un ensayo sobre lo que pensó Tita en la última línea de este capítulo: "No quería vivir cerca de Mamá Elena nunca más." ¿Cómo te das cuenta de que Mamá Elena ha dominado la vida de Tita? Luego reflexiona sobre la decisión de Tita, ¿debería volver a su casa para aclarar la situación con su madre? ¿Crees que la madre la quiso mandar al manicomio porque no la quería ver nunca más? Por último, indica si crees que Tita se enamoró del doctor. ¿Hay un motivo especial que te hace pensar así?**

# Clave de respuestas

## CAPÍTULO 1

### El libro talonario

**¿Qué sabes tú?**
Las respuestas van a variar.

**¡A vista de pájaro!**
1. En España
2. el tío Buscabeatas
3. Personajes: el tío Buscabeatas, el vendedor del puesto, el policía, el ladrón, la gente. Las respuestas van a variar.

**Actividad 1. La opción correcta**

| | | | | |
|---|---|---|---|---|
| 1. a | 3. b | 5. c | 7. d | 9. d |
| 2. c | 4. d | 6. a | 8. c | 10. c |

**Actividad 2. ¡En español!**

| | | |
|---|---|---|
| 1. huerta | 5. espectadores | 9. puesto |
| 2. labrador, granjero | 6. ladrón | 10. libraco |
| 3. melancólicamente | 7. policía | |
| 4. tallo | 8. multitud | |

**Actividad 3. Tu decisión**
Las respuestas van a variar.

**Actividad 4. Reconociendo objetos**
Las respuestas van a variar.

**Actividad 5. Análisis**
Las respuestas van a variar.

**Actividad 6. Personajes en conflicto**
Las respuestas van a variar.

**Actividad 7. Resolución del cuento**
Las respuestas van a variar.

### Conjugación del verbo "Amar"

**¿Qué sabes tú?**
Las respuestas van a variar.

**¡A vista de pájaro!**
1. Catorce (incluyendo al banquero y tomando cada coro como un personaje)
2. imperfecto: el romántico; condicional: la bailarina y el pobre; imperativo: la coqueta; pretérito: el anciano; presente: el coro de adolescentes y el necio; futuro: el coro de niñas y el rico

**Actividad 1. La opción correcta**
1. a. 2. b 3. b 4. b 5. a

**Actividad 2. Conjuga**
Las respuestas van a variar.

**Actividad 3. Sentimientos**
Las respuestas van a variar.
La mujer hermosísima, el solterón.

## CAPÍTULO 2

### Versos sencillos

**¿Qué sabes tú?**
Las respuestas van a variar.

**¡A vista de pájaro!**
Las respuestas van a variar.

**Actividad 1. La opción correcta**
1. a. 2. c 3. b 4. a

**Actividad 2. Cualidades de la amistad**
Las respuestas van a variar.

**Actividad 3. Metáfora y símil**
metáfora: "arte soy entre las artes; en los montes,
monte soy",
símil: "y todo, como el diamante, antes que luz es carbón"

### La perla de la mora

**¿Qué sabes tú?**
Las respuestas van a variar.

**¡A vista de pájaro!**
1. La mora era de Trípoli. Tenía una gran perla.
2. La tiró al mar.
3. Al mar.
4. Se cansó de ver la perla pero luego se arrepiente y le pide al mar que se la devuelva.

**Actividad 1. Verificación rápida**

1. Era rosada y grande.
2. Porque estaba cansada de verla.
3. Porque se da cuenta de que la mora está loca.
4. Le habla al mar.
5. Porque el mar no le devuelve la perla.

**Actividad 2. El ambiente**

Las respuestas van a variar.

**Actividad 3. Los sonidos**

Las respuestas van a variar.

Ejemplos: perla, mar, desdén, cansé, roca, loca, gente, devuélveme.

## CAPÍTULO 3

## Niebla

**¿Qué sabes tú?**

Las respuestas van a variar.

**¡A vista de pájaro!**

1. En la casa de su novia.
2. El piano.
3. Mauricio, su antiguo novio.
4. Que le consiga un empleo.

**Actividad 1. La opción correcta**

| 1. b | 3. b | 5. a | 7. c | 9. a |
|---|---|---|---|---|
| 2. c | 4. b | 6. b | 8. a | 10. a |

**Actividad 2. ¡En español!**

1. colocación
2. mendrugo
3. remedio
4. monólogo
5. despachar
6. ladrar
7. detenerse
8. no hacer caso
9. compasión
10. timo

**Actividad 3. Una nota para tus padres**

Las respuestas van a variar.

**Actividad 4. Desde tu punto de vista**

Las respuestas van a variar.

**Actividad 5. Para discutir en grupo**

Las respuestas van a variar.

**Actividad 6. Comparando personalidades**

Las respuestas van a variar.

**Actividad 7. Análisis literario**

a. Su cuerpo y su alma estaban separados porque se sentía muy triste.

b. La identifica con la luz; "perderíame en brumas celestiales"; el espíritu representa al alma y la materia representa al cuerpo.

**Actividad 8. Votación**

Las respuestas van a variar.

## Tú me levantas...

**¿Qué sabes tú?**

Las respuestas van a variar.

**¡A vista de pájaro!**

1. pradera, campos, cima, páramos
2. Es un poema de amor.
3. dos

**Actividad 1. La opción correcta**

Las respuestas van a variar.

1. b  2. a  3. c  4. b

**Actividad 2. ¡A ti te toca!**

Las respuestas van a variar.

**Actividad 3. Organizador gráfico**

1. Castilla
2. Las respuestas van a variar
3. Versos 1, 14 y 18
4. rugosa, nervuda, enjuta, despejada, cóncava, desnudos, redonda
5. levantas, palma, enjuta, madre, corazones, brazos

## CAPÍTULO 4

## La casa de Bernarda Alba

**¿Qué sabes tú?**

Las respuestas van a variar.

**¡A vista de pájaro!**

1. Que son personas tristes.
2. Hay conflicto.
3. Las respuestas van a variar.

### Actividad 1. Comprobación rápida.

1. Están cosiendo sábanas.
2. Porque se siente mal.
3. Se siente feliz porque se irá de la casa.
4. Ser rica.
5. Se veían por la noche en la ventana.
6. Porque lo sintió toser y oyó los pasos de su jaca.
7. Es un noviazgo frío. Ella actúa indiferentemente.
8. Que los hombres, una vez casados, dejan la cama por la mesa y luego la mesa por la taberna.
9. Sabe que se ve con Pepe el Romano.
10. Que deje de ver a Pepe para no lastimar a su hermana.

### Actividad 2. ¡En español!

1. inicial
2. echada
3. jaca
4. tengo mal cuerpo
5. ¡qué lástima de cara!
6. las viejas vemos a través de las paredes
7. no seas como los chicos
8. no vayas contra la ley de Dios

### Actividad 3. Organizador gráfico

Las respuestas van a variar.

### Actividad 4. Opinión y debate

Las respuestas van a variar.

### Actividad 5. La personalidad de Adela

Las respuestas van a variar.

### Actividad 6. El lenguaje informal

Las respuestas van a variar.

### Actividad 7. El lugar y la época

Las respuestas van a variar.

La mujer en esa época estaba dominada por el hombre y sus actividades consistían en atender al hombre y la casa. Esto se notaba mucho más en las zonas rurales donde había menos acceso a los lugares públicos.

### Actividad 8. En la actualidad

Las respuestas van a variar.

### Actividad 9. ¿Cosas en común?

Las respuestas van a variar.

## Canción de jinete

### ¿Qué sabes tú?

Las respuestas van a variar.

### ¡A vista de pájaro!

El estribillo es "Córdoba. Lejana y sola." El poema tiene dieciséis versos. Es un poema trágico.

### Actividad 1. En resumen

1. A Córdoba.
2. Queda en España.
3. Es de noche.
4. Hace viento.
5. un caballo
6. negra
7. aceitunas
8. llanura
9. Sí, conoce su camino.
10. La muerte.

### Actividad 2. ¡En español!

Las respuestas van a variar.

### Actividad 3. En pareja

Las respuestas van a variar.

### Actividad 4. Describiendo los sentimientos

Las respuestas van a variar.

El estribillo dice que Córdoba está muy lejos. Le da al lector la sensación de soledad. Los colores pueden dar la sensación de oscuridad. Las torres representan la distancia que tiene que atravesar el jinete. La anáfora del poema es "ay". Aparece tres veces y pone énfasis en el dolor del jinete. La personificación del poema es la muerte (que lo está mirando).

### Actividad 5. En grupo

Las respuestas van a variar.

# CAPÍTULO 5

## Balada de la estrella

### ¿Qué sabes tú?

Las respuestas van a variar.

### ¡A vista de pájaro!

1. El título puede estar relacionado con una canción triste o romántica.
2. Hay tres cuartetos.
3. Hay dos tercetos.
4. Una mujer y una estrella.
5. La tristeza y la soledad.

### Actividad 1. La opción correcta

1. c. 2. b 3. a 4. a 5. a

### Actividad 2. Compartiendo la tristeza

Las respuestas van a variar.

### Actividad 3. Personificación

La personificación que se destaca es la de la estrella. Algunos versos que la muestran son el último de la segunda y tercera estrofas, y la última estrofa.

## Meciendo

### ¿Qué sabes tú?

Las respuestas van a variar.

### ¡A vista de pájaro!

1. "Meciendo" significa la acción que hace una persona cuando se sienta en una silla mecedora.
2. Las respuestas van a variar. Puede transcurrir en el interior de una casa.
3. Una mujer y su hijo.
4. "mezo a mi niño."

### Actividad 1. La opción correcta

1. a 2. a 3. b 4. c 5. a

### Actividad 2. Análisis

1. El estribillo es "mezo a mi niño" y demuestra el amor que siente la mujer por su hijo.
2. Significa que mientras está con su hijo, la mujer siente la paz que le da Dios.
3. Las respuestas van a variar.

### Actividad 3. Expresando sentimientos

Las respuestas van a variar.

# CAPÍTULO 6

## El árbol de oro

### ¿Qué sabes tú?

Las respuestas van a variar.

### ¡A vista de pájaro!

1. Leocadia
2. Ivo, Mateo
3. ramas, tronco, hojas
4. Las respuestas van a variar.

### Actividad 1. La opción correcta

1. b 3. a 5. c 7. b 9. c
2. a 4. b 6. b 8. b 10. c

### Actividad 2. En tus propias palabras

Las respuestas van a variar.

### Actividad 3. Y, ¿tú?

Las respuestas van a variar.

### Actividad 4. Análisis en pareja

Las respuestas van a variar.

a., b. Aparentemente la maestra sabía que Ivo estaba enfermo y no quería hacerle perder su ilusión sobre el árbol.

c. Posiblemente ninguno de los compañeros sabía que Ivo estaba enfermo, por eso creían que la maestra tenía preferencia por él.

d. La maestra le ofreció la llave a Mateo Heredia porque Ivo no pudo ir a la escuela y ella necesitaba algo de la torrecita.

e. Seguramente la maestra no quería contarles nada a los otros niños para no entristecerlos.

### Actividad 5. Acción y resultado

1. Porqué: Su salud no andaba bien.
   Resultado: Tuvo que ir a la escuela de la señorita Leocadia.
2. Porqué: Sabía que Ivo estaba enfermo.
   Resultado: Ivo creó su fantasía acerca del árbol de oro.
3. Porqué: Quería ver el árbol de oro.
   Resultado: Solamente vio el campo vacío.
4. Porqué: Regresó a la casa de su abuelo dos veranos después.
   Resultado: Descubrió que Ivo había muerto.

### Actividad 6. Cronología

e, d, h, a, c, f, b, g

### Actividad 7. Los símbolos

Las respuestas van a variar.

### Actividad 8. Símiles

1. Línea 85. Se refiere a las flores. Significa que las flores son enormes.
2. Línea 120. Se refiere al Sol. Significa que era el atardecer.
3. Línea 124. Se refiere a un recuerdo. Significa que era un recuerdo agradable.

## Actividad 9. La voz narrativa

1. La voz narrativa es la autora del cuento, Ana María Matute.
2. Compara detalles que no encuentra en la ciudad. Se siente a gusto.
3. Las respuestas van a variar.
4. Las respuestas van a variar.

# CAPÍTULO 7

# El brujo postergado

### ¿Qué sabes tú?

Las respuestas van a variar.

### ¡A vista de pájaro!

1. Se refiere a una persona que hace magia.
2. El brujo vivía en Toledo.
3. El deán
4. Sí: la sirvienta, dos hombres y dos escuderos.

### Actividad 1. ¿Cierto o falso?

1. F. Fue a Toledo.
2. C
3. C
4. F. Tenía que esperar hasta que el brujo le dijera.
5. F. Tuvieron que bajar por una escalera para ir a un laboratorio.
6. C
7. C
8. F. El título de cardenal sigue al de arzobispo.
9. F. El Papa no le dio comida.
10. F. El brujo hace que el Papa vuelva a ser deán y le negó las perdices.

### Actividad 2. ¡En español!

| | | |
|---|---|---|
| 1. postergar | 5. asar | 9. rostro |
| 2. pieza, habitación | 6. escalera | 10. disculparse |
| 3. temer | 7. biblioteca | |
| 4. olvidar | 8. cárcel | |

### Actividad 3. Más detalles

| | | | |
|---|---|---|---|
| 1. magia | 4. enfermo | 7. los pies | 10. deán |
| 2. comer | 5. el deán | 8. la cárcel | |
| 3. órdenes | 6. no | 9. la sirvienta | |

### Actividad 4. Las promesas

Las respuestas van a variar.

### Actividad 5. Recomendaciones

Las respuestas van a variar.

### Actividad 6. Las personalidades

Las respuestas van a variar.

### Actividad 7. Opinión

Las respuestas van a variar.

1. En realidad a don Illán le molestó que el Papa no cumpliera su promesa.
2. Sabía que tenía el poder de la magia para castigarlo por no cumplir.
3. El brujo quiso probar la sinceridad del deán desde el principio.
4. En realidad no era un miserable, él controlaba la situación perfectamente.
5. En la antigüedad, las personas que hacían magia eran condenadas a la cárcel o a la muerte.

### Actividad 8. Metafísica

Las respuestas van a variar.

1. Las perdices representan el punto de partida y el regreso al pasado. El tiempo que transcurrió fueron todos los nombramientos que obtuvo el deán, que en realidad, debido a la magia de don Illán, ocurrieron en un tiempo muy corto.
2. Por un lado cuenta que entre cada nombramiento pasan años. Por otro lado, manda a asar las perdices que ya estaban listas. Describe la casa con las palabras "escalera de piedra", "bajado tanto que el lecho del Tajo estaba sobre ellos", "celda", "biblioteca", "gabinete". (Líneas 20 a 23)
3. Nunca le enseñó la magia; primero quería probar su sinceridad.
4. Los hombres eran parte de la magia del brujo para empezar a probar al deán.
5. El mandar a asar las perdices.
6. Las respuestas van a variar.
7. Las respuestas van a variar.

**Actividad 9. Resumen**

Las respuestas van a variar.

Las líneas más representativas son el encuentro del deán con el brujo; la promesa de agradecimiento; la preparación de las perdices; los nombramientos del deán; los pedidos del brujo; mandar a cocinar las perdices.

## Los dos reyes y los dos laberintos

**¿Qué sabes tú?**

Las respuestas van a variar.

**¡A vista de pájaro!**

1. De Babilonia y de Arabia.
2. perplejo, sutil, escándalo, confusión, maravilla.

**Actividad 1. La opción correcta**

1. b 3. b 5. b 7. c
2. a 4. c 6. a 8. c

**Actividad 2. Eres rey**

Las respuestas van a variar.

**Actividad 3. En pareja**

Las respuestas van a variar.

El contraste del cuento son los dos laberintos. A pesar de que el desierto no es un laberinto real, actúa como si lo fuera. Hay violencia al final, cuando muere el rey de Babilonia.

**Actividad 4. La venganza**

Las respuestas van a variar.

# CAPÍTULO 8

## Un día de éstos

**¿Qué sabes tú?**

Las respuestas van a variar.

**¡A vista de pájaro!**

fresa; escupidera; anestesia; guerrera; cielo raso

**Actividad 1. La opción correcta**

1. b 3. c 5. a 7. d
2. c 4. b 6. c

**Actividad 2. Eres dentista**

Las respuestas van a variar.

**Actividad 3. ¿Conflicto de personalidades?**

Las respuestas van a variar.

**Actividad 4. Otros personajes importantes**

Las respuestas van a variar.

Básicamente, al alcalde le da poder su condición de militar en el gobierno. Al dentista le da poder el sacarle la muela al alcalde y hacerlo sufrir.

Algunos de los elementos que usa el autor son: la chaqueta del alcalde, el revólver, la fresa, las pinzas, la silla.

**Actividad 5. Reflexión**

Las respuestas van a variar.

**Actividad 6. Análisis literario**

Las respuestas van a variar.

## La siesta del martes

**¿Qué sabes tú?**

Las respuestas van a variar.

**¡A vista de pájaro!**

1. Entre la mañana y las cinco de la tarde.
2. La mujer y su hija.
3. Están tristes.
4. En la casa del cura.
5. Sí.

**Actividad 1. La opción correcta.**

1. b 3. c 5. b 7. c
2. b 4. b 6. b 8. c

**Actividad 2. Estudiando a las personas**

Las respuestas van a variar.

**Actividad 3. El clima**

Las respuestas van a variar.

**Actividad 4. El sonido**

Las respuestas van a variar.

**Actividad 5. Análisis en grupo**

Las respuestas van a variar.

**Actividad 6. Ensayo**

Las respuestas van a variar.

# CAPÍTULO 9

## La casa de los espíritus

**¿Qué sabes tú?**

Las respuestas van a variar.

**¡A vista de pájaro!**

1. Clara y Barrabás
2. En la casa de Clara
3. b
4. b

**Actividad 1. La opción correcta**

| | | | | |
|---|---|---|---|---|
| 1. b | 3. d | 5. c | 7. b | 9. b |
| 2. c | 4. c | 6. a | 8. d | 10. c |

**Actividad 2. ¡En español!**

| | | | |
|---|---|---|---|
| 1. rincón | 4. cadáver | 7. veterinario | 10. atar |
| 2. pelaje | 5. cortina | 8. equipaje | |
| 3. inmóvil | 6. berrinche | 9. mochar | |

**Actividad 3. Ensayo**

Las respuestas van a variar.

**Actividad 4. Descripciones.**

| | | | | |
|---|---|---|---|---|
| 1. d | 3. b | 5. j | 7. e | 9. f |
| 2. h | 4. c | 6. i | 8. a | 10. g |

**Actividad 5. Interpretación**

Las respuestas van a variar.

**Actividad 6. En pareja**

Las respuestas van a variar.

**Actividad 7. El lugar**

Las respuestas van a variar.

# CAPÍTULO 10

## Como agua para chocolate

**¿Qué sabes tú?**

Las respuestas van a variar.

**¡A vista de pájaro!**

1. El doctor Brown.
2. En el laboratorio.
3. Sí, Caty, la señora que preparaba la comida y cuidaba al hijo del doctor.

**Actividad 1. ¿Cierto o falso?**

1. C
2. F. El lugar preferido de Tita es el laboratorio.
3. C
4. F. Caty es una señora norteamericana.
5. F. Tita hacía todos los quehaceres de la casa.
6. C
7. C
8. C
9. F. John trata a convencer a Tita para que se comunique.
10. C

**Actividad 2. Causa y efecto**

1. d. 2. b 3. a 4. c

**Actividad 3. Diagrama de Venn**

Las respuestas van a variar.

**Actividad 4. Inferencias**

Las respuestas van a variar.

Se refiere a las personas negativas, que no les importan los sentimientos de los demás. Infiere la frialdad de las personas y su falta de amistad.

**Actividad 5. Otros símbolos**

Las respuestas van a variar.

La caja de cerillos simboliza el paso inicial para que Tita se comunique. El oxígeno es el elemento principal para que un fósforo se encienda y para que una persona viva. El contraste es el fuego y el calor de un fósforo y el frío que siente Tita. El elemento común entre una caja de fósforos húmeda y una persona triste es que ninguno se puede "encender".

**Actividad 6. Caracteres diferentes**

Las respuestas van a variar.

# Vocabulario español-inglés

This **Vocabulario** includes all the words and expressions in ***Ventanas.*** (Exact cognates, conjugated verb forms, and proper nouns are generally omitted.) The gender of nouns is indicated *m.* (masculine) or *f.* (feminine). When a noun designates a person, the masculine form is given and the feminine ending (**a**) is in parentheses. Adjectives ending in **-o** are given in the masculine singular with the feminine ending (**a**) in parentheses. Verbs are listed in the infinitive form except for the past participles which appear in text as adjectives. The following abbreviation is also used: *pl.* - plural. All items are alphabetized in Spanish: **ñ** follows **n,** and **rr** follows **r.**

**a** to
  **a causa de** because of
  **a media voz** in a lowered voice, whisper
  **a pesar de** in spite of
  **a tientas** gropingly
**abandonado(a)** abandoned
**abandonar** to abandon
**abastecer** to supply, provide
**abierto(a)** open
**aborrecer** to hate, detest
**abotonarse** to button up
**abrazar** to embrace, hug; to contain, include; to join
**abrir** to open
**absceso** *m.* abscess
**absorto(a)** entranced, absorbed
**abstracción** *f.* abstraction; introspection
**abuela** *f.* grandmother
**abuelo** *m.* grandfather
**aburrir** to annoy, bore
**acabar** to finish
**acaso** perhaps, maybe
**aceituna** *f.* olive (fruit)
**acelerar** to speed up, hurry; to accelerate
**acera** *f.* pavement, sidewalk
**acercar** to bring or place near or nearer
  **acercarse** to come close, approach
**acompañar** to accompany
**acostumbrar** to be accustomed
**actitud** *f.* attitude
**acto** *m.* act, action; (theat.) act
**acudir** to go, to present oneself; to attend; to help; to respond
**además** besides, in addition to
**adivinar** to guess
**admirar** to admire
**adolescente** *m., f.* adolescent; teenager
**adoptado(a)** adopted
**afeitado(a)** shaved
**afeitar** to shave
**aferrar** to grasp, seize
**afortunadamente** fortunately
**afrentar** to insult
**afueras** *f., pl.* outskirts, suburbs
**agachar** to lower, bend (the head or body); to crouch
**agobiado(a)** tired, wornout; overwhelmed, confused
**agregar** to add; to appoint
**agua** *f.* water
**aguamanil** *m.* wash basin
**aguantar** to bear, endure; to put up with
**ahorcar** to hang
**aire** *m.* air
**ajustar** to adjust; to tighten
**Alá** Allah
**alargado(a)** extended, lengthened
**alarmar** to alarm
  **alarmarse** to become alarmed or fightened
**alboroto** *m.* tumult, uproar
**alcaide** *m.* warden
**alcalde** *m.* mayor
**aldea** *f.* village
**alegrar** to make happy; to enliven
**alegre** happy
**alejado(a)** distant, remote
**alfombra** *f.* rug
**alforja** *f.* saddlebag
**alguien** somebody, someone
**alimentar** to feed; to nourish
**alimento** *m.* food; sustenance
**allí** there
**alma** *f.* soul, spirit
**almacén** *m.* store
**almendro** *m.* almond tree
**almirez** *m.* metal mortar
**almohadón** *m.* cushion, pillow
**almorzar** to lunch
**alojamiento** *m.* lodging
**alto(a)** high, tall
**altura** *f.* height, altitude; summit
**amanecer** *m.* dawn
**amante** *m., f.* lover
**amar** to love
**amargo(a)** bitter; painful
**amarrar** to tie
**ambos(as)** both

**amigo(a)** *m., f.* friend
**amo** *m.* master (of the house); owner; boss
**amor** *m.*
  **amores** *m. pl.* love affairs; words of endearment
**ancho(a)** wide; full, ample
**anciano** *m.*, **anciana** *f.* old man, old woman
**andar** to walk; to go; to function
**anestesia** *f.* anesthesia
**angosto(a)** narrow, tight
**ángulo** *m.* angle
**anhelo** *m.* desire, longing
**ánimo** *m.* spirit, courage; energy; encouragement
**anoche** last night
**año** *m.* year
**antaño** long ago
**antemano** beforehand
**anterior** previous, former
**antes** before, formerly
**antiguo(a)** ancient; antique; old
**antojo** *m.* whim
**anunciar** to announce
**añadir** to add
**apacible** mild, placid, gentle
**aparcero(a)** *m., f.* sharecropper
**apariencia** *f.* appearance, aspect
**apartado(a)** remote, distant
**aparte** apart; aside; besides
**apenas** scarcely, hardly
**aplastante** exhausting
**aplastar** to crush, squash
**aplazar** to postpone; to summon
**aplicado(a)** studious, industrious
**aplicar** to apply
**apoyar** to support
**aprender** to learn
**apretar** to press; to hug; to squeeze
**ara** *f.* altar
**árabe** *m.* Arabic (language)
**árabe** *m., f.* Arab, Arabian
**araña** *f.* spider
**arar** to plow
**árbol** *m.* tree
**arca** *f.* chest, coffer
**arcaico(ca)** archaic; obsolete
**archivo** *m.* archives, records; files
**arder** to burn
**ardiente** burning; ardent, passionate
**argolla** *f.* ring, hoop
**aridez** *f.* aridity, barrenness
**aristocrático(a)** aristocratic
**armario** *m.* closet, wardrobe; cupboard
**arquitecto(a)** *m., f.* architect
**arrastrar** to pull, drag
**arreglado(a)** orderly, tidy
**arte** *m., f.* art, fine arts; skill
**arzobispado** *m.* church district of the archbishop
**arzobispo** *m.* archbishop
**asegurar** to secure, fasten; to insure; to assure
**asentir** to agree, assent
**asiento** *m.* seat
**asistir** to assist, help; to attend
**asma** *m.* asthma
**asombro** *m.* amazement, astonishment; fright
**aspecto** *m.* aspect, appearance
**áspero(a)** rough, rugged; harsh; gruff
**asunto** *m.* subject, topic; matter, affair
**ataque** *m.* attack
**atención** *f.* attention
**atinar** to find; to guess; to stumble upon
**atractivo(a)** attractive
**atractivo** *m.* attractiveness, attraction
**atravesar** to cross; to put or lay across; to pierce
**atrever** to dare
**ausencia** *f.* abscence
**autor, autora** *m., f.* author, authoress
**aventurar** to venture; to risk
**avergonzar** to shame; to embarass
  **avergonzarse** to feel ashamed; to be embarasses
**ave** *f.* bird
**azafrán** *m.* saffron
**azul** blue

**bailarina** *f.* ballerina
**bajar** to go down, to lower, let down
**bajo(a)** low, short
**balada** *f.* ballad
**baldosa** *f.* floor tile (ceramic)
**banano** *m.* banana tree; banana (fruit)
**bañar** to bathe
**banda** *f.* band
**¡bandido!** bandit!
**banquero** *m.* banker
**baranda** *f.* railing, banister
**barba** *f.* beard; chin
**barbaridad** *f.* very foolish act, great mistake; enormous amount
**barra** *f.* bar; lever
**barrer** to sweep
**bártulos** *m. pl.* household goods; belongings
**bastar** to suffice, be enough
**bermejo(a)** bright red
**berrinche** *m.* rage, tantrum
**besar** to kiss
**biblioteca** *f.* library
**billar** *m.* billiards, pool
**bizquear** to squint
**blanco(a)** white
**blando(a)** soft, flaccid
**bloquear** to block; to obstruct
**boca** *f.* mouth
**bocadillo** *m.* snack; appetizer; dainty sandwich
**boda** *f.* wedding
**bola** *f.* ball; sphere
**bollo** *m.* fritter
**bolsa** *f.* purse, bag; stock exchange
**bolsillo** *m.* pocket
**bombilla** *f.* lightbulb
**bondad** *f.* goodness, kindness
**bordar** to embroider
**borde** *m.* edge, border
**bostezar** to yawn
**botón** *m.* button; knob
**boxear** to box
**brazo** *m.* arm
**brillar** to shine, sparkle
**brindar** to offer; to invite
**brisa** *f.* breeze
**bronce** *m.* bronze
**brota** to sprout, bud; to spring, gush; to break out
**brujo** *m.* sorcerer, magician
**bruma** *f.* fog, mist
**buche** *m.* mouthful
**buey** *m.* ox
**burla** *f.* jeer, ridicule, joke
**buscar** to look for
**búsqueda** *f.* search

**cabalgar** to ride (a horse)
**caballero** *m.* gentleman; nobleman
**caballete** *m.* small horse; easel; sawhorse
**caballo** *m.* horse
**cabello** *m.* hair
**cabeza** *f.* head
**cabezal** *m.* small head pillow
**cacerola** *f.* casserole, stew pot, saucepan
**cachivaches** *m. pl.* odds and ends
**cada** each, every
**cadáver** *m.* corpse
**cadena** *f.* chain
**caído(a)** fallen
**caída** *f.* fall
**cajita** *f.* small box
**cajón** *m.* large box, chest; drawer
**cal** *f.* lime
**calabaza** *f.* pumpkin
**cálido(a)** warm, hot; enthusiastic
**caliente** warm, hot
**callar** to be silent; to become quiet; to shut up
**callarse la boca** to shut up
**callado(a)** silent, quiet; secret
**calle** *f.* street
**calor** *m.* heat
**cama** *f.* bed
**camello** *m.* camel
**camino** *m.* road, path; trip
**camisa** *f.* shirt
**campamento** *m.* encampment, camp
**campana** *f.* bell, striking clock
**campo** *m.* field; countryside
**cancel** *m.* wooden partition screen
**canción** *f.* song
**cansar** to tire, to make weary
**cansarse** to become tired, weary
**cantina** *f.* dining room
**canto** *m.* song; singing
**capelo** *m.* cardinalate
**capitán** *m.* captain; leader; chief
**cara** *f.* face; manner, expression
**carácter** *m.* character, disposition; personality
**carbón** *m.* coal; charcoal; carbon
**cárcel** *f.* jail
**cardenal** *m.* cardinal (ecc.)
**cargado(a)** sultry (weather); strong (coffee, tea)
**cargadores** *m.* suspenders
**cargar** to load
**carne** *f.* meat
**carreta** *f.* cart, wagon
**carretón** *m.* large cart
**carta** *f.* letter
**cartera** *f.* purse
**cartón** *m.* cardboard, cardboard box
**casa** *f.* house, home
**casar** to marry
**casarse** to get married
**castellano(a)** Castilian, pertaining to the province of Castile, Spain
**castillo** *m.* castle
**cátedra** *f.* professorship
**cauteloso(a)** cautious, careful
**cautivo(a)** captive, imprisioned
**caer** to fall
**cazar** to hunt
**cegador(a)** blinding, dazzling
**cegar** to blind; to grow blind
**cegarse** to be blinded
**celda** *f.* cell (prision, convent)
**celestial** celestial, heavenly
**celos** *m. pl.* jealousy, suspicion
**cementerio** *m.* cementary
**cena** *f.* dinner, supper
**cerca** near, close by
**cerradura** *f.* lock; locking, shutting
**cerrar** to close
**chapotear** to moisten, wet, dampen; to splash water
**chaqueta** *f.* jacket
**charco** *m.* puddle
**charol** *m.* patent leather
**chico(a)** little, small
**chico** *m.* boy
**chocar** to collide, crash
**chocolate** *m.* chocolate
**ciego(a)** blind
**a ciegas** blindly
**cielo** *m.* sky; heaven
**cielo raso** *m.* ceiling
**ciencia** *f.* science
**científicamente** scientifically
**cifra** *f.* figure, number
**cima** *f.* top, summit
**cintura** *f.* waist
**ciudad** *f.* city
**clase** *f.* class
**clavo** *m.* nail
**cocinar** to cook
**codicia** *f.* greed
**codiciar** to covet, crave for
**cola** *f.* tail
**colcha** *f.* bedspread, quilt
**colocación** *f.* job, position
**colorado(a)** red, reddish
**color** *m.* color, coloring
**columna** *f.* **vertebral** spine, spinal column
**combustión** *f.* combustion
**comedor** *m.* dining room; restaurant
**comensal** *m., f.* guest (at dinner)
**comentario** *m.* comment, remark
**comentarios** malicious gossip
**comenzar** to start
**comer** to eat
**compañía** *f.* company
**compasión** *f.* compassion
**complacido(a)** satisfied, content
**completamente** completely
**completar** to complete; to perfect
**componer** to compose, form; to put in order; to repair
**comprar** to buy
**comprobarse** to verify, check; to prove, confirm
**con** with
**cóncava** *f.* a hollow, a cavity
**confidente(ta)** faithful, sure
**confidente** *m.* confidant, advisor
**confitado(a)** candied, sugar-coated
**conformidad** *f.* agreement, harmony; resemblance, similarity
**confundir** to mix up; to mistake; to confuse
**confusión** *f.* confusion
**congregar** to congregate, assemble
**conjugación** *f.* conjugation
**conocer** to know
**conocimiento** *m.* knowledge; understanding
**conseguir** to obtain, attain
**consentir** to consent, agree to; to spoil, indulge
**consigo** with him, with her, with them

**constante** constant, steadfast
**constante** *f.* constant
**construir** to construct, build
**contagiar** to infect with
**contemplar** to contemplate
**contestar** to answer; to confirm
**contiguo(a)** contiguous, adjoining
**contra** against
**contrafuerte** *m.* heel reinforcement (of a shoe)
**contrariar** to oppose; to contradict
**contrario(a)** contrary; opposite; unfavorable, adverse
**contribución** *f.* contribution
**convencer** to convince
**conveniente** convenient
**conversación** *f.* conversation
**convicción** *f.* conviction
**convertir** to convert; to change
**coqueta** *f.* flirtacious woman
**corazón** *f.* heart
**cordal** *f.* wisdom tooth
**coro** *m.* chorus
**coronel** *m.* colonel; crown (arch.)
**corredor** *m.* passage, corridor
**corretear** to run about playing
**cortar** to cut
**corte** *f.* court
**corte** *m.* cut; cutting
**cortesía** *f.* courtesy, politiness; gift
**cortina** *f.* curtain
**cosa** *f.* thing, something
**coser** to sew
**costumbre** *f.* custom; habit
**cráneo** *m.* cranium, skull
**crecer** to grow
**criada** *f.* maid
**criatura** *f.* creature; infant
**cristal** *f.* crystal; pane of glass; mirror
**crónico(a)** chronic, habitual
**cruz** *f.* cross
  **crucecilla** little cross
**cruce** *m.* crossing, crossroad
**crujido** *m.* creak, crackle
**crujir** to creak; to crackle; to rustle
**cruzado(a)** crossed
**cruzar** to cross
**cuaderno** *m.* notebook, workbook
**cuadrado(a)** square; complete, perfect
**cualquier** any
**cualquiera** any; anyone, either; whatever
**cuando** when; though; since
**cuarenta** forty
**cuartear** to quarter, divide into pieces
  **cuartearse** to split, crack
**cuarto** *m.* room; fourth, quarter
**cubierto(a)** covered
**cuello** *m.* neck; shirt collar
**cuenta** *f.* counting; account
**cuero** *m.* skin, hide; leather
**cuerpo** *m.* body
**cuidado** *m.* care; caution
**cuidar** to take care of
**cultivar** to cultivate
**cumbre** *f.* summit, top
**cuna** *f.* crib, cradle; birthplace
**cural** pertaining to the parish priest
**curioso(a)** curious
**curiosidad** *f.* curiosity
**curtir** to tan (hides); to harden, toughen
**cutis** *f.* complexion; skin
**cuyo(a)** whose; of which; of whom

**dar** to give
**dañado(a)** damaged; bad
**datos** *m. pl.* data, facts
**de** of; from
  **de repente** suddenly
**deán** *m.* dean (priest who supervises parishes within the diocese)
**decanazgo** *m.* deanship
**decepción** *f.* disappointment; deception
**decidir** to decide
**decir** to say
**declinación** *f.* decline, decay; descent
**dedicar** to dedicate, devote
**dedo** *m.* finger; toe
**degenerar** become
**dejar** to allow; to let; to leave behind
**delante** before, in front, ahead
**delgado(a)** slim, thin
**delicadeza** *f.* fineness, delicateness; gentleness
**demasiado(a)** too much
**demorarse** to delay
**demostración** *f.* demonstration
**dentadura** *f.* set of teeth, denture
**dentista** *m., f.* dentist
**depositar** to deposit
**derecho** *m.* right, right side
**derretir** to melt
**derribar** to knock down; to tear down
**desabotonar** to unbutton
**desaliñarse** to become disarranged, untidy
**desasosegar** to make restless, uneasy; disturb
**desatar** to untie, undo
**desayuno** *m.* breakfast
**descalzar** to take off a shoe
**descalzo(a)** barefooted
**descansar** to rest, relax
**descargar** to unload; to unburden; to shoot
**descender** to go down, descend
**desconcertado(a)** disorderly, wild
**desconchar** to crack (a finish)
**descubrir** to discover
**desdén** *m.* disdain, scorn
**desear** to desire, want, wish for
**desesperación** *f.* desperation
**desfondar** to break off the bottom of
**deshacer** to undo, to take apart; to break
  **deshacerse** to fall to pieces, to upset oneself
  **deshacerse de** to get rid of
**desierto(a)** deserted, uninhabited
**desierto** *m.* desert
**deslizar** to slide; to let slip out
**deslumbrado(a)** dazzled; overwhelmed
**desnudo(a)** naked, undressed; bare
**despachar** to dispatch, send off
**despacho** *m.* study; office
**despacio** slowly
**despedazar** to break, tear into pieces, mangle; to ruin

**despejado(a)** confident; clear; spacious; cloudless
**desprecio** *m.* contempt, disdain
**después** after
**destemplado(a)** noisy, loud
**destrozo m.** damage; destruction
**desuncir** to unyoke
**desvergonzado(a)** shameless
**detener** to stop, halt
**determinado(a)** bold, determined; specific
**detonación** *f.* detonation, blast
**detrás** behind; after
**devolver** to give back
**devorar** to devour; to waste; to consume
**día** *m.* day
**diamante** *m.* diamond
**diente** *m.* tooth
**difunto(a)** deceased, dead
**digno(a)** deserving; honorable
**dinero** *m.* money
**directamente** directly
**dirigir** to direct
**disculpar** to excuse
  **disculparse** to make excuses to; to apologize to
**discutir** to discuss; to argue
**disfrutar** to enjoy
**disminuir** to diminish, lessen
**disolverse** to dissolve, break up
**dispersar** to disperse, scatter
**displicente** unpleasant
**dispuesto(a)** graceful; capable
**disputar** to dispute; to argue over
**distancia** *f.* distance
**distinción** *f.* distinction; honor
**distorsionado(a)** distorted
**dividir** to divide
**divino(a)** divine
**dolencia** *f.* illness; ache
**doler** to hurt, ache
**dolorido(a)** painful, aching
**doloroso(a)** painful; pitiful
**dominante** dominant
**dominio** *m.* control; self-control
**don** Don, title of respect
**don** *m.* talent
**doncella** *f.* maiden
**dorado(a)** golden
**dormitorio** *m.* bedroom
**dracma** *f.* dram (weight)
**drama** *m.* drama, tragedy (theat.)
**duda** *f.* doubt
**dudar** to doubt
**dudoso(a)** doubtful
**dueño(a)** *m., f.* owner
**dulce** sweet
**dulzura** *f.* sweetness; gentleness
**durante** during
**duro(a)** hard
**duro** *m.* coin

**echada** *f.* throw, cast
**echar** to throw, toss, to dump
**edad** *f.* age
**elástico(a)** elastic, flexible
  **elásticos** *m.pl.* suspenders
**embarrar** to splash with mud
**embustero(a)** *m., f.* liar
**emoción** *f.* emotion
**empapar** to soak
**empedrar** to pave with stones
**empezar** to start
**empleo** *m.* job, employment
**enamorar** to inspire love in
  **enamorarse** to fall in love
**encaje** *m.* lace
**encanto** *m.* fascination, delight; bewitchment
**encarnado(a)** flesh-colored, pink; red
**encender** to light, ignite; to turn on
**encendido(a)** bright (colors); red, enflamed
**encima** above; overhead; at the top
**encomendar** to entrust, commit
**encontrar** to find
**enderezar** to straighten; to make or go straight for (somewhere)
**enfermedad** *f.* illness
**enfermo(a)** sick, ill
**enfermar** to fall, make ill
**enjuto(a)** slim, thin; *fig.* dry
**enloquecido(a)** crazy, insane
**enormemente** enormously
**enrevesado(a)** tangled
**enrollar** to wind, coil
**enseñar** to teach
**entender** to understand
**entonces** then; in that case
**entre** between; among
**entreabrir** to open slightly
**envidiar** to envy
**envidia** *f.* envy
**envuelto(a)** wrapped
**errabundo(a)** wandering
**errar** to roam, wander; to make a mistake
**escalera** *f.* ladder; staircase
**escándalo** *m.* scandal
**escaño** *m.* bench
**escapar** to escape
**escenario** *m.* stage, setting
**escéptico(a)** skeptical
**escopeta** *f.* shotgun
**escribir** to write
**escrupuloso(a)** scrupulous, careful
**escrutar** to scrutinize
**escudero** *m.* squire, nobleman
**escuela** *f.* school
**escueto(a)** simple, plain
**escupidera** *f.* spittoon
**esfera** *f.* sphere; heavens
**espalda** *f.* shoulder
**espaldar** *m.* back (of a seat)
**espantar** to scare
**especialmente** especially
**especie** *f.* specie; type
**espectador(a)** *m., f.* spectator, onlooker
**especular** to speculate
**espera** *f.* wait, waiting
**esperanza** *f.* hope
**espeso(a)** thick
**espiar** to spy upon
**espíritu** *m.* spirit
**esposo, esposa** *m.,* husband *f.* wife; spouse
**estación** *f.* station, stop; season
**estafar** to swindle
**estambre** *m.* worsted yarn
**estancado** stagnant
**estética** *f.* aesthetics
**estirar** to stretch
**estragar** to devastate
**estrecho(a)** narrow, tight
**estrella** *f.* star
**estrépito** *m.* screech, clamor
**estropicio** *m.* breakage, crash; noisy disturbance
**estudiar** to study
**estudioso(a)** studious
**estufa** *f.* stove, heater
**estupendo(a)** stupendous
**estupor** *m.* stupor

**evidente** evident
**exacto(a)** exact; correct
**exactamente** exactly
**exagerar** to exaggerate
**exaltar** to exalt; to praise
**examinar** to examine
**exclamar** to exclaim
**exótico(a)** exotic
**experiencia** *f.* experience
**experimento m** experiment
**explicar** to explain
**explorador(a)** *m.,f.* explorer
**exposición** *f.* exposition; exhibition
**expresión** *f.* expression, statement; gesture
**extensión** *f.* extension; size; duration
**extraer** to extract, remove
**extrañar** to surprise; to miss; to feel strange
**extraño(a)** strange; foreign
**extremadamente** extremely

**fallecer** to pass away, die
**falso(a)** false
**falta** *f.* lack; error
**familia** *f.* family
**familiaridad** familiarity
**fascinar** to fascinate
**fatigado(a)** fatigued, tired
**fatigoso(a)** fatiguing; tired; annoying
**favorecer** to support; to help; to do someone a favor
**fe** *f.* faith
**febril** feverioush; anxious
**feliz** happy
**feroz** ferocious,fierce
**férreo(a)** iron, made of iron
**fijar** to fix; to fasten
**fijamente** fixedly, attentively
**filtrar** to filter
**fino(a)** fine; refined; slender
**fleco** *m.* frayed border; fringe
**flor** *f.* flower
**flotar** to float
**fondo** *m.* bottom; background
**forma** *f.* form; shape; manner
**forrar** to line (a dress); to cover (a book, furniture)
**fortuna** *f.* fortune; luck
**forzar** to force, break throw
**fósforo** *m.* match
**franela** *f.* flannel
**freír** to fry
**fresa** *f.* drill
**fresco** *m.* coolness
**fresco(a)** cool, fresh; new
**fríamente** coldly, cooly
**frío(a)** cold
**friolento(a)** susceptible to the cold
**fruta** *f.* fruit
**fuego** *m.* fire
**fuente** *f.* fountain; source
**fuerza** *f.* strength; force
**fulano(a)** so-and-so
**fundir** to melt; to smelt
**furia** *f.* fury, rage

**gabinete** *m.* laboratory; study
**galería** *f.* gallery; balcony
**galleta** *f.* cookie
**gallinazo** *m.* vulture
**gana** *f.* desire, wish
**gatillo** *m.* trigger
**gaveta** drawer
**gélido(a)** ice-cold
**generación** *f.* generation
**generosidad** *f.* generosity
**gente** *f.* people
**gesto** *m.* gesture; expression
**gigante** gigantic
**glacial** icy, freezing
**gloria** *f.* glory
**goma** *f.* rubber
  **goma arábiga** *f.* gum arabic
**gordo(a)** fat
**gota** *f.* drop
**gozar** to enjoy
**gracia** *f.* charm, gracefulness; forgiveness; grace
**gracioso(a)** charming; funny
**gran** grand, great, large
**grande** big, large
**granja** *f.* farm
**granjero** *m.* farmer
**grasa** *f.* grease, fat
**grasiento(a)** fatty, greasy; grubby
**grave** serious
**graznar** to crow
**gritar** to shout
**grueso(a)** stout
**gruñir** to growl
**guapo(a)** good-looking, attractive
**guardar** to guard; to keep; to save
**guerrera** *f.* military jacket

**habitación** *f.* room
**habitante** *m., f.* inhabitant
**hacer** to do, to make
**hacia** towards; about
**hambre** *f.* hunger
**haragán(a)** *m., f.* idler, loafer
**helado(a)** freezing, icy
**helado** *m.* ice cream
**hermano(a)** *m.* brother; *f.* sister
**hermoso(a)** beautiful, handsome
**hervir** to boil
**hierba** *f.* grass; herb
**hierro** *m.* iron; brand
**hijo(a)** *m.* son; *f.* daughter
**hinchado(a)** swollen
**historieta** *f.* short story; anecdote
**hocico** *m.* snout, muzzle; mouth
**hoja** *f.* leaf; page
**hombre** *m.* man
**honor** *m.* honor,fame, glory; *(pl.)* rank; honors
**honra** *f.* honor; fame; respect
**hora** *f.* hour; time
**horror** horror, dread
  **¡Qué horror!** How dreadful!
**hucha** *f.* piggybank
**huerta** *f.* vegetable garden
**hueso** *m.* bone
**huésped(a)** *m., f.* guest; host(ess); innkeeper
**huevo** *m.* egg
**huir** to flee, run away
**hule** *m.* oilskin, oilcloth; rubber
**humareda** *f.* dense smoke
**húmedo(a)** humid
**humilde** humble, meek; lowly
**humo** *m.* smoke
**hundir** to sink; to overcome

I

**idea** *f.* idea; image; concept
**identidad** *f.* identity
**iglesia** *f.* church

**ignorar** to be ignorant of, unaware of
**igual** equal; same; similar; level
**implorar** to implore, beg
**importar** to import; to cost; to be important, to matter
**imposible** impossible
**impregnado(a)** saturated
**impuesto(a)** informed
**impuesto** *m.* tax
**inalterable** unalterable; stable
**inclinado(a)** inclined, slanted
**incontrolable** uncontrollable
**indefinido(a)** indefinite, vague
**indiferentemente** indifferently
**inescrutable** inscrutable, incomprehensible
**infectado(a)** infected
**inferior** inferior; lower
**infierno** *m.* hell; torture; bedlam
**ingrediente** *m.* ingredient
**ingratitud** *f.* ingratitude
**inicial** *f.* initial
**inmóvil** immobile
**insecto** *m.* insect
**insípido(a)** insipid, tasteless; dull
**insolación** *f.* sunstroke
**insoportable** unbearable
**inspirar** to inspire
**instante** *m.* instant, moment
**instruido(a)** well-educated
**instrumento** *m.* instrument; inplement
**inteligente** intelligent
**intempestivo(a)** inopportune
**intención** *f.* intention, aim; purpose
**intenso(a)** intense
**interés** *m.* interest
**interior** interior; inner
**interminable** interminable, endless
**interrumpir** to interrupt
**invierno** *m.* winter
**ir** to go
**ironía** *f.* irony
**isla** *f.* island
**izquierda** *f.* left hand, left hand side
**izquierdo(a)** left; left-handed

**jaca** *f.* horse; pony
**jadeante** panting, out of breath
**jamón** *m.* ham
**jardinero** *m.* gardener
**jaula** *f.* cage
**jinete** *m.* rider, horseman
**joroba** *f.* hump
**joven** young, youthful
**joven** *m., f.* young person
**joya** *f.* jewel, piece of jewelry
**joyero** *m.* jeweler
**juanete** *m.* bunion
**juego** *m.* game; play; set (of dishes, etc.)
**junto** together, at the same time
**junto(a)** joined, united, *(pl.)* together
**jurar** to swear, declare upon oath
**justicia** *f.* justice; fairness; retribution

**laberinto** *m.* labyrinth
**labio** *m.* lip
**laboratorio** *m.* laboratory
**labrado(a)** embroidered; carved; tilled (fields)
**labrador(a)** *m.* farmer, (m.) plowman
**lado** *m.* side
**ladrar** to bark
**ladrillo** *m.* brick, tile
**ladrón, ladrona** *m., f.* thief
**lágrima** *f.* tear
**lámpara** *f.* lamp; light
**lana** *f.* wool
**largo(a)** long
  **de largo** length
**lástima** *f.* pity, compassion
  **¡Qué lástima!** What a shame!
**lavar** to wash
  **lavarse** to wash oneself
**lección** *f.* lesson; reading
**leche** *f.* milk
**lecho** *m.* bed, couch; bed (river, ocean)
**lector(a)** *m., f.* reader; lecturer
**lectura** *f.* reading; reading matter
**legaña** *f.* sleep
**lejano(a)** distant, remote
**lejos** far away, in the distance
**lente** *m.* lens
  **lentes** eyeglasses
**levantar** to raise, pick up, lift
**leve** light; trivial
**ley** *f.* law
**libraco** *m.* large book
**libro** *m.* book
**lienzo** *m.* linen cloth; canvas
**ligadura** *f.* tie, bond
**ligeramente** lightly; in passing
**limosna** *f.* donation
**limpiar** to clean
**limpieza** *f.* cleaning; cleanliness
**limpio(a)** clean; pure; neat
**lindar** to adjoin, abut, lie next to one another
**llano(a)** level, flat
**llano** *m.* prairie, level ground
**llanto** *f.* weeping, crying
**llanura** *f.* prairie
**llave** *f.* key
**llegar** to arrive, reach
**llenar** to fill
**lleno(a)** full
**llevar** to take, carry
**llorar** to cry, weep
**llovizna** *f.* drizzle, fine rain
**lluvia** *f.* rain
**localizar** to localize; to locate
**loco(a)** *m., f.* lunatic, crazy person
**locomotora** *f.* locomotive
**loza** *f.* ceramic; crockery
**luego** soon, at once; then
**lugar** *m.* place, site; room, space
**luminoso(a)** luminous; bright
**luna** *f.* moon
**lunes** *m.* Monday
**luto** *m.* mourning; bereavement
**luz** *f.* light; daylight

**madera** *f.* wood
**madre** *f.* mother
**madrugada** *f.* dawn; daybreak
**madrugador(a)** early-rising
**maduro(a)** ripe; mature
**maestro, maestra** *m., f.* teacher; master, expert
**magia** *f.* magic
**mágico(a)** magical
**maíz** *m.* corn

**mañana** *f.* morning; tomorrow
**mandadero(a)** *m., f.* messenger
**mandar** to command; to send
**mandíbula** *f.* jaw
**manicomio** *m.* insane asylum
**mano** *f.* hand; coat (of paint); round (of cards)
**mansedumbre** gentleness, meekness
**manto** *m.* cloak; shawl
**máquina** *f.* **de escribir** typewriter
**mar** *m.* ocean, sea
**maravilla** *f.* marvel, wonder
**marcha** *f.* march; walk
**marchar** to go, go away, leave
**marcharse** to go away, leave
**marchito(a)** withered, wilted
**marido** *m.* husband
**martes** *m.* Tuesday
**masa** *f.* mass; dough, mix
**mata** *f.* bush; grove
**matar** to kill
**materia** *f.* matter; material; subject
**material** material; physical
**material** *m.* material; ingredient
**mayor** great; greater; older, oldest; adult
**mayoría** *f.* majority
**mecer** to rock
**medio(a)** half
**mejilla** *f.* cheek
**mejor** better; best
**a lo mejor** maybe, perhaps
**melancólicamente** melancholically, gloomily
**memoria** *f.* memory; remembrance
**mendrugo** *m.* crust, crumb
**menor** younger, youngest; smaller; lesser
**mente** *f.* mind; intellect
**mentira** *f.* lie; deception
**mercado** *m.* market
**merced** *f.* mercy; favor
**mercurio** *m.* mercury
**merecer** to deserve, merit; to be worth
**mesa** *f.* table
**metálico(a)** metallic
**método** *m.* method
**mezclar** to mix
**mientras** while; when, meanwhile
**militar** military
**militar** *m.* soldier
**millar** a thousand; *(pl.)* thousands
**minio** *m.* minium (chem.)
**minuto** *m.* minute
**mirar** to look at, watch
**mirada** *f.* look, glance
**misa** *f.* mass (ecc.)
**miserable** wretched, unfortunate; despicable
**miserable** *m., f.* wretch; miser
**misión** *f.* mission
**misionera** *f.* missionary
**misterioso(a)** mysterious
**mitad** *f.* half; middle; center
**mochar** to cut, lop off
**modo** *m.* manner, way, method
**modoso(a)** quiet, well-behaved
**mohoso(a)** moldy, mildewy
**molde** *m.* mold; model
**moler** to grind, mill
**molestar** to bother, annoy
**molestia** *f.* annoyance, nuisance
**momento** *m.* moment, instant; occasion
**monólogo** *m.* monologue
**montado(a)** mounted
**montaña** *f.* mountain
**monte** *m.* mountain; woodland
**montón** *m.* heap, pile; lot, a great deal
**morder** to bite
**moro, mora** *m., f.* Moor
**morir** to die
**mosca** *f.* fly
**motivo** *m.* motive, reason
**movimiento** *m.* movement
**muchacho, muchacha** *m., f.* boy, girl
**mucho(a)** much, a great deal of; *(pl.)* many
**mueble m** piece of furniture; *(pl.)* furniture
**muela** *f.* molar
**muerte** *f.* death
**mujer** *f.* woman; wife
**multitud** *f.* crowd
**mundo** *m.* world, earth
**municipio** *m.* municipality; town hall
**muñeca** *f.* doll; wrist
**murmullo** *m.* murmur; rippling(water); rustling
**muro** *m.* (outside) wall
**música** *f.* music
**músico(a)** *m., f.* musician
**muy** very; too

**nacer** to be born
**nacido(a)** born; innate
**nadie** nobody; no one
**nariz** *f.* nose, nostril
**necesitar** to need, want; to have to
**necio(a)** *m., f.* fool
**negar** to deny
**negro(a)** black
**nervudo(a)** vigorous
**niebla** *f.* fog
**nieve** *f.* snow
**niño, niña** *m., f.* boy, girl; child
**nitro** *m.* niter, potassium nitrate
**noble** *m.* nobleman
**noche** *f.* night
**nombramiento** *m.* appointment; nomination
**nombre** *f.* name
**nota** *f.* note
**notar** to note, notice; point out
**novedad** *f.* novelty; innovation; piece of news
**novela** *f.* novel
**novia** *f.* fiancée; bride
**novio** *m.* fiancé; bridegroom
**nublo** *m.* storm cloud
**nuevo(a)** new
**nunca** never
**nutrir** to nourish, feed

**o** or; either
**obispo** *m.* bishop
**objeto** *m.* object, thing
**obligar** to oblige, force, obligate
**obra** *f.* work; product
**observar** to watch
**obstinación** *f.* obstinacy
**ocurrir** to ocurr, happen
**oficina** *f.* office
**oído** *m.* ear; hearing
**oír** to hear
**ojo** *m.* eye
**ola** *f.* wave
**olor** *m.* odor

**olvidado(a)** forgetful
**olvidar** to forget; to leave behind; to omit
**omitir** to omit, leave out
**onza** *f.* ounce
**operación** *f.* operation
**optar** to choose, select
**opuesto(a)** opposing; opposite
**orden** *m.* order
**ordenado(a)** tidy, orderly
**ordenar** to arrange
**ordernarse** to become ordained
**ordinario(a)** ordinary, common; vulgar
**orgulloso(a)** proud; haughty; conceited
**orientarse** to get one's bearings
**oro** *m.* gold
**oscuridad** *f.* darkness; gloom; cloudiness; obscurity
**otoño** *m.* autumn, fall
**otro(a)** other, another
**oveja** *f.* ewe, female sheep
**óxido** *m.* oxide
**oxígeno** *m.* oxygen

**paciencia** *f.* patience
**padecer** to suffer from
**padre** *m.* father
**pagar** to pay
**pájaro** *m.* bird
**pajizo(a)** made or covered with straw
**palabra** *f.* word
**pálido(a)** pale, pallid
**palma** *f.* palm tree; palm (of hand)
**palmera** *f.* palm tree
**palo** *m.* stick; pole; club
**pánico** *m.* panic
**pantalón** *m.* pants
**pantera** *f.* panther
**pañuelo** *m.* handkerchief
**Papa** *m.* pope
**papado** *m.* papacy
**par** equal; even; paired
**par** *m.* pair
**paralelo(a)** parallel
**páramo** *m.* plateau
**parecer** to appear, seem; to look like
**parecido(a)** alike, similar
**pared** *f.* wall
**párpado** *m.* eyelid
**parroquial** parochial
**párroco** *m.* parish
**parte** *f.* part; share
**particular** particular; private
**partir** to split, divide; to leave
**parto** *m.* childbirth
**pasajero(a)** passing, fleeting
**pasajero(a)** *m., f.* passenger
**paso** *m.* step; pace
**pataleta** *f.* fit of kicking or stamping
**patio** *m.* yard, courtyard
**pausa** *f.* pause
**pecho** *m.* chest
**pedal** *m.* pedal; treadle
**pedalear** to pedal
**pedazo** *m.* piece; portion
**pedregoso(a)** stony, rocky
**pegar** to hit, fire (a shot at); to stick, glue
**pegajoso(a)** sticky, clammy
**peineta** *f.* ornamental comb
**peladura** *f.* parings, peeling
**pelaje** *m.* hair, fur coat (animal)
**penetrar** to penetrate
**pensamiento** *m.* thought; idea
**pensativo(a)** pensive
**pensar** to think
**pequeño(a)** small, little; young
**pequeño(a)** *m., f.* child
**percherón** *m.* Percheron (horse)
**percibir** to perceive, sense
**perder** to lose; to waste (time); to miss
**perdiz** *f.* partridge
**perdido(a)** lost, mislaid; wasted
**perdón** *m.* pardon, forgiveness
**perfectamente** perfectly
**periódico(a)** periodic
**periódico** *m.* newspaper
**perla** *f.* pearl
**pero** but, yet; except
**perplejo(a)** confused
**perro** *m.* dog
**perseguir** to pursue; to chase after, harass
**persiana** *f.* Venetian blind
**personaje** *m.* personality; character (lit.)
**personalidad** *f.* personality
**persona** *f.* person
**pertenencia** *f.* belonging; property
**perturbación** *f.* disturbance
**perturbar** to disturb, upset
**pesado(a)** heavy; obese; oppressive (weather); tiresome
**pétalo** *m.* petal
**pezuelo** *m.* selvage (of cloth)
**piadoso(a)** pious
**pianista** *m., f.* pianist
**pie** *m.* foot; base; basis
**piedra** *f.* rock, stone
**pierna** *f.* leg
**pieza** *f.* piece (of music)
**pintado(a)** spotted
**pinzas** *f., pl.* tweezers
**pitar** to whistle
**pito** *m.* whistle
**planchar** to iron
**plantación** *f.* plantation, planting
**plástico(a)** plastic, soft
**plástico** *m.* plastic
**plata** *f.* silver; money
**plática** *f.* conversation, chat; talk
**plato** *m.* plate, dish; course (of a meal)
**pleno(a)** full, complete
**pluma** *f.* feather; pen
**plumero** *m.* feather duster; pen holder
**pobre** poor; needy; unfortunate
**¡pobrecillo!** poor thing!
**pobreza** *f.* poverty
**poderoso(a)** powerful; rich
**policía** *m., f.* policeman or woman; (f.) police
**polvo** *m.* dust
**polvoriento(a)** dusty
**pomo** *m.* knobs
**poner** to put, place
**por** by; for; through; along
**por medio de** by means of
**porcelana** *f.* porcelain
**porquería** *f.* dirt, filth
**porrazo** *m.* bump, knock
**porvenir** *m.* future
**posesión** *f.* possession
**posición** *f.* position
**postergar** to postpone
**postizo(a)** false
**postrar** to prostrate, humble
**postrarse** to kneel down
**potrillo** *m.* colt
**pradera** *f.* meadowland
**precipitadamente** impetuously, hastily
**preciso(a)** precise
**preferir** to prefer
**preferido(a)** favorite

**preguntar** to ask (a question)
**prelado** *m.* prelate (high ranking in the church)
**prender** to grasp, seize; to secure
**preocupar** to worry
**presencia** *f.* presence
**presenciar** to witness, attend
**presente** present, current
**presión** *f.* pressure
**prestar** to lend, loan; to give
**pretender** to try to get, seek; to claim
**pretendiente** *m.* suitor; candidate
**prevención** *f.* prevention; warning
**primero(a)** first; foremost; leading
**primeramente** first, previously
**primitivo(a)** primitive
**privilegio** *m.* privilege
**probar** to prove, show; to test
**profesor, profesora** *m., f.* teacher; professor
**proferir** to express, say
**profundamente** profoundly
**profundo(a)** profound, deep
**prometer** to promise
**pronto(ta)** prompt, quickly
**pronto** soon, quickly
**pronunciar** to pronounce
**propiedad** *f.* property, holding; attribute
**propio(a)** one's own; proper, fitting
**proporción** *f.* proportion; occasion
**proveedor(a)** *m, f.* supplier
**provisto(a)** provided, stocked
**provocar** to provoke
**prudente** prudent
**público(a)** public; known
**público** *m.* public; audience
**pueblo** *m.* town, village; people, nation
**puente** *f.* bridge
**puerta** *f.* door; entrance
**pues** since, because, for, as
**puesto** *m.* post, position; stall, stand (market); job
**pulir** to polish, to burnish
**punta** *f.* point, tip
**punto** *m.* point, dot
**puñado** *m.* handful, fistful
**puro(a)** pure; clear; absolute

**queja** *f.* complaint; grudge
**quejarse** to complain
**queso** *m.* cheese
**quince** fifteen
**quizás** maybe, perhaps

**racimo** *m.* cluster, bunch
**ración** *f.* portion, ration
**rama** *f.* branch
**ramo** *m.* bouquet
**rancho** *m.* ranch
**rápidamente** rapidly; quickly
**raro(a)** rare; odd
**raspar** to scrape
**rastro** *m.* vestige, trace; rake
**rato** *m.* while, short time
**raya** stripe, line
 **a rayas** striped
**raza** *f.* race; breed
**razón** *f.* reason, intellect; explanation; cause
**realidad** *f.* reality; truth
**reanimar** to revive; to encourage
**reavivar** to revive; to rekindle
**rebotar** to bend; to repel; to change in color or quality
**recaudador** *m.* collector; tax collector
**recibo** *m.* receipt
**recoger** to pick up; to gather
**reconocer** to recognize; to admit
**recordar** to remember, to remind of
**recorrer** to travel; to go over; to look over
**recostar** to lean, recline
**recreo** *m.* recreation; recess
**recuerdo** *m.* memory; souvenir
**red** *m.* net; mesh; network
**redondo(a)** round
**referir** to relate, tell; to refer (to)
**refrán** *m.* proverb, saying
**refrescar** to refresh, cool; to renew
**regazo** *m.* lap (of seated person)
**regordete(a)** chubby
**regreso** *m.* return
**reinar** to reign; to prevail
**reino** *m.* kingdom
**reintegrarse** to recover; to return
**reja** *f.* railing (of a window)
**relacionar** to relate, connect
**relámpago** *m.* lightening
**relampaguear** to flash
**remedio** *m.* remedy, cure; medecine
**remoto(a)** remote
**remozar** to make young, rejuvenate
**rencor** *m.* rancor
**rendija** *f.* crack, slit
**réplica** *f.* reply; replica
**replicar** to retort, answer
**reposado(a)** calm, peaceful
**representar** to represent; to play, perform
**requemado(a)** burnt; tanned; sunburned
**reseco(a)** thoroughly dry; very lean or thin
**reservado(a)** reserved
**residencia** *f.* residence
**resignar** to resign, give up
**resorte** *m.* spring
**respirar** to breath
**resplandecer** to shine, gleam; excell
**responder** to answer, reply
**resto** *m.* rest, remainder
**retirar** to retire; withdraw
**retozo** *m.* romp
**retrasar** to delay; to defer; to lag behind
**reunir** to join; to assemble, collect; to reunite
**reverberación** *f.* reflection, reverberation
**reventar** to explode
**revisar** to revise, examine; to audit
**rey** *m.* king
**rico(a)** rich; tasty
**rígido(a)** rigid
**riguroso(a)** rigorous; severe; exact
**rincón** *m.* corner
**riñón** *m.* kidney, *(pl.)* loins, back
**río** *m.* river
**ripio** *m.* padding, verbiage
**robo** *m.* robbery
**roca** *f.* rock; cliff
**rodar** to roll
**rogar** to beg, implore
**rojo(a)** red

**romántico(a)** romantic
**romper** to break
**ropa** *f.* clothes
**ropero** *m.* clothes dealer; armoire
**rosado(a)** pink, rose-colored
**rosal** *m.* rose bush or garden
**rostro** *m.* face
**ruborizar** to blush
**rugoso(a)** wrinkled
**ruido** *m.* noise
**rumor** *m.* rumor; gossip; murmur

**sábado** *m.* Saturday
**sábana** *f.* bed sheet
**sacar** to take out, extract
**sacerdote** *m.* priest
**sal** *f.* salt
**sala** *f.* living room
  **sala de espera** waiting room
**salir** to leave, go out; to get out
**salón** *m.* salon, drawing room
**salud** *f.* health
**saludo** *m.* greeting; salute
**sangre** *f.* blood
**sanitario(a)** sanitary
**santidad: Su Santidad** His Holiness (the Pope)
**santuario** *m.* sanctuary
**seco(a)** dry; dried
**secreto** *m.* secret
**sed** *f.* thirst
**seguridad** *f.* safety, security; certainty
**seguro(a)** safe, secure; steady; sure, certain
**semana** *f.* week
**sembrar** to sow, to plant
**semejante** similar, alike
**señalar** to point out, indicate; to designate
**seña** *f.* sign, signal, gesture; password
**sencillo(a)** simple, plain, easy
**sencillo** *m.* small change
**senda** *f.* path, trail
**sentado(a)** seated, sitting
**sentir** to feel; to regret
**señora** lady, mistress, Mrs.
**señorita** young lady, Miss.
**separar** to separate
**sepulcro** *m.* grave, tomb
**serenidad** *f.* serenity
**siesta** *f.* afternoon nap
**siglo** *m.* century
**silencio** *m.* silence
**silla** *f.* chair, seat
**sillón** *m.* armchair
**simétrico(a)** symetrical
**simpático(a)** pleasant, nice
**simplicidad** *f.* simplicity
**sin** without; besides
  **sin embargo** however, nevertheless
**sincero(a)** sincere
**sinvergüenza** *m., f.* scoundrel
**siquiera** at least; even though
**sirviente(a)** *m., f.* servant
**sitio** *m.* place; location
**situado(a)** situated
**sobre** above, over; on top of; about
**sobre** *m.* envelope
**sobrecoger** to surprise, catch unaware
**socorro** *m.* help, aid
**sofocante** suffocating, stifling
**sol** *m.* sun; sunshine
**solo(a)** alone; only; lonely
**solitario(a)** solitary; lonely
**soltar** to untie, loosen; to set free
**soltero(a)** single, unmarried
**solterón** *m.* old bachelor
**sombra** *f.* shadow; shade; darkness
**sombreado(a)** shady, shaded
**sombrilla** *f.* sunshade, parasol
**sonreír** to smile
**soñar** to dream
**sopor** *m.* stupor; lethargy
**sordo(a)** deaf; silent
**sorprender** to surprise
**sosegado(a)** calm, quiet, peaceful
**sostener** to support, hold up
**sostenido(a)** supported, sustained
**sotana** *f.* cassock
**suavemente** smoothly, softly; gently
**substancia** *f.* substance, matter
**subterfugio** *m.* subterfuge
**subterráneo(a)** subterranean, underground
**subterráneo** *m.* cellar, cave, underground place
**sucesor(a)** *m., f.* successor
**sudor** *m.* sweat
**sudoroso(a)** sweating
**suelo** *m.* soil, earth; ground, floor
**sueño** *m.* sleep; sleepiness; dream
**sujetar** to secure, fasten; to subject
**superar** to surpass, exceed; to overcome
**suspiro** *m.* sigh,breath
**suspirar** to sigh
**sutil** subtle, delicate; cunning

**taberna** *f.* tavern, barroom
**talle** *m.* waist; shape
**tallo** *m.* stem
**talón** *m.* heel
**talonario** *m.* stub book
**tamaño** *m.* size
**también** also, too
**tan** so, as; at least
**tapado(a)** covered-up; hidden
**tapete** *m.* table cover, runner
**tarde** *f.* afternoon; evening
**tarde** late
**tarea** *f.* chore, work
**teatro** *m.* theatre
**tejado m.** roof; tile roof
**tejer** to knit
**tela** *f.* fabric, cloth
**telaraña** *f.* cobweb
**telégrafo** *m.* telegraph
**temblar** to tremble, shake
**temblor** *m.* tremor; earthquake
**temer** to fear
**temperatura** *f.* temperature
**tenacidad** *f.* tenacity
**tender** to spread; to lay; to make (a bed)
**tener** to have; to take hold of
**teniente** *m., f.* lieutenant, deputy
**teoría** *f.* theory
**tercero(a)** third
**ternura** *f.* tenderness; love, affection
**terraza** *f.* terrace
**testamento** *m.* will, testament
**tibio(a)** lukewarm, tepid; indifferent
**tiempo** *m.* time, moment; weather
**tierra** *f.* earth; land tierra

**timo** *m.* joke
**tinieblas** *f. pl.* darkness
**tintero** *m.* inkwell
**tío** *m.* uncle; (coll.) great guy, buddy
**tipo** *m.* type, kind; guy, fellow; appearance
**tiro** *m.* throw; shot
**título** *m.* title, name; headline; diploma, degree
**tocar** to touch; to play (music)
**tocón(a)** bob-tailed
**tocón** *m.* stub
**tomar** to take; to have (to eat, drink)
**tormenta** *f.* storm
**torno** *m.* wheel; turn around
**torre** *f.* tower
**tortura** *f.* torture
**toser** to cough
**trabilla** *f.* strap
**traer** to bring; to attract
**traje** *m.* dress, costume; suit
**tranquilo(a)** tranquil, calm; reassured
**transformarse** to become transformed
**transmitir** to transmit
**trapo** *m.* rag
**trasero(a)** back, rear
**trastes** *m., pl.* pots and pans, housewares
**tratar** to treat, use
**tren** *m.* train
**trenza** *f.* braid (of hair)
**trenzar** to prance, caper; to braid
**trepidante** shaking, vibrating
**trigo** *m.* wheat, *(pl.)* wheat field
**triste** sad
**tronco** *m.* trunk (of a tree, body)

**último(a)** last
**un, una** one; a, an
**umbral** *m.* threshold, doorstep
**único(a)** only, sole; unique
**unido(a)** united
**uña** *f.* fingernail
**utilizar** to use, utilize

**vacante** vacant, unoccupied
**vaciar** to empty, drain
**vacilación** *f.* vacillation, hesitation
**vacío(a)** empty
**vagar** to roam, wander; to be idle
**vagabundear** to roam
**vago(a)** vague; wandering; idle
**vagón** *m.* car, coach, wagon
**vaina** *f.* thing
**la misma vaina** the same thing
**valeroso(a)** courageous; valuable
**vanamente** in vain
**variar** to vary
**varón** *m.* male; man; male child
**vaso** *m.* glass, cup
**vecino(a)** *m., f.* neighbor
**vedar** to prohibit, forbid
**vegetal** *m.* vegetable
**velar** to stay awake; to keep a vigil over
**velorio** *m.* wake, vigil; party
**veloz** swift, rapid
**vena** *f.* vein
**vendedor** *m., f.* seller, salesperson
**vender** to sell
**venir** to come
**venida** *f.* coming, arrival
**ventana** *f.* window
**ventanilla** *f.* small window; ticket window
**ventilador** *m.* ventilator; fan
**venturoso(a)** lucky, fortunate
**ver** to see
**verano** *m.* summer
**verbo** *m.* verb
**verdaderamente** truly
**verde** green, green-colored
**verdes** *m. pl.* greens
**verdura** *f.* vegetable
**vergüenza** *f.* shame
**verso** *m.* verse, poetry; line (of a poem)
**veterinario** *m.* veterinarian
**vez** *f.* time; turn
**vía** *f.* road, way; street; track
**viaje** *m.* voyage
**vibrar** to vibrate
**vida** *f.* life
**vidriera** *f.* glass window or door; store window
**viejo(a)** old
**viejo, vieja** *m.* old man, *f.* old woman
**viento** *m.* wind
**visita** *f.* visit; visitor
**visitar** to visit
**viudo, viuda** *m.* widower, *f.* widow
**vivir** to live
**vivo(a)** living, alive; live; intense; clever
**volar** to fly, move like the wind
**volcar** to turn over; to make dizzy
**voluntad** *f.* will; wish, desire
**voraz** voracious; fierce
**voz** *f.* voice
**vuelta** *f.* turn, turning; walk, stroll; return

**yacer** to lie, to lie buried
**yermo(a)** deserted; barren
**yeso** *m.* gypsum; plaster; plaster cast; chalk

**zapato** *m.* shoe
**zozobra** *f.* worry, anguish
**zumbar** to tease; to buzz; to deliver (a blow)

## Illustration Credits

**3:** Bill James **9:** Bill James **10:** Bill James **13:** Rae Ecklund **15:** Rae Ecklund **16:** Rae Ecklund **19:** Peg Magovern **27:** Peg Magovern **28:** Peg Magovern **31:** Robert Casilla **42-43:** Robert Casilla **47:** Rae Ecklund **49-50:** Rae Ecklund **53:** Bill James **63:** John Suh **70:** John Suh **75:** Ignacio Gómez **82:** Ignacio Gómez **93:** John Suh **101:** Ignacio Gómez

## Photo Credits

**2:** Stock Montage, Inc. **12:** UPI/Corbis-Bettmann **18:** AP/Wide World Photos **30:** Brown Brothers **46:** UPI/Corbis-Bettmann **52:** Europa Press Reportajes **62:** UPI/Corbis-Bettmann **74:** Reuters/Corbis-Bettmann **92:** Archive Photos **100:** AP/Wide World Photos

## Text Credits

**Capítulo 3**

Excerpt from *Niebla* by Miguel de Unamuno. Copyright ©1914 by the Heirs of Miguel de Unamuno. Reprinted by permission of Ute Körner, Literary Agent for the Heirs of Miguel de Unamuno, Barcelona.

"Tú me levantas," from *Poemas de los pueblos de España* by Miguel de Unamuno. Copyright © by the Heirs of Miguel de Unamuno. Reprinted by permission of Ute Körner, Literary Agent for the Heirs of Miguel de Unamuno, Barcelona.

**Capítulo 4**

Excerpt from *La casa de Bernarda Alba* by Federico García Lorca. Copyright © Herederos de Federico García Lorca. Reprinted by permission of Mercedes Casanovas Agencia Literaria, Barcelona.

"Canción de jinete" by Federico García Lorca. Copyright © Herederos de Federico García Lorca. Reprinted by permission of Mercedes Casanovas Agencia Literaria, Barcelona.

**Capítulo 5**

"Balada de la estrella," by Gabriela Mistral. Copyright © 1961, 1964, 1970, 1971 by Doris Dana. Reprinted by arrangement with Doris Dana, c/o Joan Daves Agency as agent for the proprietor.

"Meciendo" by Gabriela Mistral. Copyright © 1961, 1964, 1970, 1971 by Doris Dana. Reprinted by arrangement with Doris Dana, c/o Joan Daves Agency as agent for the proprietor.

**Capítulo 6**

"El árbol de oro," from *Historias de la Artámila* by Ana María Matute. Reprinted by permission of Ediciones Destino, S.A., Barcelona.

**Capítulo 7**

"El brujo postergado," from *Obras completas 1923–1972* by Jorge Luis Borges. Copyright © 1995 by Maria Kodama. Reprinted with the permission of The Wylie Agency, Inc.

"Los dos reyes y los dos laberintos," from *El Aleph* by Jorge Luis Borges. Copyright © 1995 by Maria Kodama. Reprinted with the permission of The Wylie Agency, Inc.

**Capítulo 8**

"Un día de éstos," from *Los funerales de la Mamá Grande* by Gabriel García Márquez. Copyright © 1962 by Gabriel García Márquez. Reprinted by permission of Agencia Literaria Carmen Balcells, S. A., Barcelona.

Excerpt from "La siesta del martes," from *Los funerales de la Mamá Grande* by Gabriel García Márquez. Copyright © 1962 by Gabriel García Márquez. Reprinted by permission of Agencia Literaria Carmen Balcells, S. A., Barcelona.

**Capítulo 9**

Excerpt from *La casa de los espíritus* by Isabel Allende. Copyright © 1982 by Isabel Allende. Reprinted by permission of Agencia Literaria Carmen Balcells, S.A., Barcelona.

**Capítulo 10**

Excerpt from *Como agua para chocolate* by Laura Esquivel. Copyright © 1989 by Laura Esquivel. Reprinted by permission of Mercedes Casanovas Agencia Literaria, Barcelona.